# 김 유 신

평화독서감상문대회 선정도서(청소년부문) 작가

**안병호 역사소설**

그레이펄슨

# 목차

# 1부

# 담장을 넘은 사랑

# 담장을 넘은 사랑

## 1. 만호부인의 재혼

신라 제26대 진평왕의 할미인, 제24대 진흥왕의 정비 사도태후가 숙흘종을 들라했다.

숙흘종은 사도태후의 시동생이다.

"태후마마 부르심을 받고 왔사옵나이다."

사도태후는 숙흘종의 인사를 받으면서 딴 곳을 쳐다보고 있었다.

그러다 돌아앉으며 낮은 목소리로 말했다.

"왕실을 위해 할 일이 있다오."

숙흘종은 태후의 표정으로 보아 예사로운 일이 아닐 것이라 여겨져 긴장되었다.

"무엇이든 하교하소서."

"아무래도 진평왕의 모후인 만호부인의 울타리가 되어주어야 신왕도 든든할 것 같소!"

태후의 말끝이 단호하여 기다리지 않고 답했다.

"분부 받잡겠나이다."

선택의 여지가 없었지만, 내심 왕의 모후인 만호부인이라니 마음이 놓였다.

왕의 계부가 되면 자신의 안위도 걱정할 필요가 없었기 때문이다.

그렇지만 자신에게 돌아올 수도 있는 왕위계승권이 사라져 버리게 되는 일이었다. 왕이 되어야겠다는 생각을 품은 적이 없었지만 그래도 섭섭하긴 했다.

숙흘종이 선뜻 답하자 사도태후가 일렀다.

"사사로이 행할 것이니, 그리 아오. 신방은 만호부인 궁에 차리도록 할 것이오."

사도태후가 숙흘종을 왕의 계부로 삼고자한 데는, 숙흘종의 왕위계승권을 찬탈해 버리려는 의도도 있었다.

## 2. 사도태후

서기579년. 신라 월성, 사도태후 궁.

신라 제24대 진흥왕의 정비인 사도태후는 진흥왕의 뒤를 이은 둘째 아들 사륜왕(재위576-579)을 내치고, 장손인 진평왕(재위 579-632)을 등극시키면서, 그림을 그려보았다.

사도태후는 성골의 후계가 없어 암담하기도 했지만, 혈연을 뒤섞어 성골과 진골의 사이에 비집고 들어선 여인들의 권력집단인 '대원신통계'의 우두머리로 권력의 끈도 놓기 싫었다.

궁리 끝에 진평왕의 모후인 만호부인을 떠올렸다.

큰 며느리인 만호부인은 동륜태자 사이에 진평왕을 낳은 몸이지만, 자신의 사후에 진평왕의 울타리가 되기는 부족하다고 여겨졌다.

'아무래도 왕의 계부가 있어야 왕과 부인의 울타리가 되리라.'

그러했지만 누구를 택하느냐가 문제였다.

적통을 이어가기 위해서는 상대도 왕족이어야만 했다.

문득 숙흘종을 떠올렸다.

숙흘종은 신라 제24대 진흥왕의 동생이다.

그러니 만호부인과 숙흘종은 시숙 사이다.

숙흘종이 만호부인과 맺게 된다면, 왕의 작은 아버지가 왕의 계부가 되는 것이었다.

## 3. 만명, 태어나다

숙흘종과 만호부인이 신방에 드는 날, 왕실 일가들이 태후궁에 모여 축하연을 가졌다. 물론 만호부인의 아들인 진평왕과 며느리인 왕비 마야부인도 참석하였다.

그리고 나서 만호부인이 태기가 있자, 아들이기를 바랐으나 딸을 낳았다.

아들이라면 성골의 여식과 혼인시켜 왕통을 이어도 되지만 딸이라 난감했다.

이렇게 태어난 여자아이가 만명이다.

만명은 어릴 때부터 시시한 사내아이는 당해내지도 못하는 말썽꾼이었다.

남장을 하고 다니다 못해, 원화대에 들어가 무예도 익혔다.

데리고 다녀야 할 하녀는 곧장 돌려세우기 십상이었다.

이 여자아이, 만명이 장차 김유신의 어미가 된다.

지금 왕인 진평왕과는 같은 배에서 태어났다.

공주는 아니지만 격으로 보면 공주에 버금가는 신분을 지닌 것이었다.

## 4. 만명, 서현을 만나다

만명이 열댓 살이 넘어선 어느 날, 서라벌 왕경에 있는 가야계 귀족 무력의 거택을 지나다 무술 연마하는 기합소리를 듣고는 걸음을 멈추었다.

호기심이 발동하여 담장너머로 훔쳐보니 예사롭지 않은 젊은 사내가 무술을 익히고 있었다.

그가 구사하는 무형이 이제까지 배워보지 못하던 것이어서, 넋을 잃고 훔쳐보다 그만 청년에게 들키고 말았다.

청년은 괴이한 녀석이 담장 넘어 자신을 훔쳐보고 있는 것을 알고는 기분이 상했다.

"어느 놈이냐?"

만명은 자신이 남장을 하고 있다는 것을 잊어버린 체, 하대를 하는 사내의 말에 분이 나서 담장에 올라서며 말했다.

"어느 놈이라니, 너는 누구냐?"

무술을 익히고 있던 사내는 그 집주인인 가야왕손 무력(武力)의 아들 서현이었다.

"어?"

서현은 미성이긴 하나 평민이 분명한 사내놈이 자신에게 대드니 기가 차 말이 나오지 않았다.

그러고 있는 데에 녀석이 훌쩍 마당으로 넘어오는 것이 아닌가.

넘어오자마자 무형을 갖추더니 다짜고짜로 공략해 왔다.

"보아 하니 무술을 익히고 있는 모양이니 나와 한 번 겨루어 보자!"

또 하대를 하며 공략해 오기에 적이 당황되어 몇 수 막아주었다.

"어럇 차!"

서현이 보니 이놈이 어디서 무술깨나 익힌 턱이었다.

"이놈이 남의 집을 엿보기를 넘어 대련을 청하다니 가소롭구나."

"잔소리 말라!"

만명은 단에서 익힌 도술로 사내를 제압하려 했다.

만명이 서현의 소매를 잡고 메치려 하자, 서현이 만명의 목을 팔로 걸고 밧다리걸기로 되치기 하였다.

만명이 힘이 밀리는 것을 알고 어깨로 서현을 메치려 하자, 서현은 만명의 목을 감아 방어를 하다 깜짝 놀라 떨어져 나갔다.

"어!?"

서현이 놀라 만명을 떼어 놓은 것은 목을 감아 넘기는데 사내의 가슴에 무언가 뭉클하는 것이 느껴졌기 때문이었다.

물러서서 다시 보니 예쁜 얼굴이며 고운 피부가 사내의 것이 아니었다.

"잠깐! 낭자?"

서현이 머뭇거리는 사이에 만명이 또 공격을 해 왔지만 낌새를 알아차린 서현이 피해버리고 말았다.

만명은 십여 차례의 공격이 허수가 되자 스스로 지쳐 주저앉아버렸다.

서현은 다가가기가 뭣해서 머뭇거리고 있었다.

만명이 기운을 차려 일어서려는가 하더니 어찌 된 일인지 그만 쓰러져버리는 것이 아닌가.

"어멈, 어멈!"

서현은 황급히 나이든 유모를 불러 도움을 청했다.

서현의 거처에 부축하여 옮기던 유모도 옷자락사이에 보이는 가슴팍을 보고는 깜짝 놀랐다.

"아니 낭자가 아니오?"

"그건 나중에 따지고 어찌 정신을 차리게 해 보오."

하여간 둘은 그렇게 만났다.

## 5. 담장을 넘은 사랑

둘은 황룡사에서 숨어 만났다.

진흥왕대에 궁궐을 지으려다 황룡이 나와 담을 치고 절로 삼은 곳이다.

"스무 해 전에 '천축아욱왕'이 황금과 철을 실은 배를 보내와 문잉림에서 장육존상을 주조하여 이 전각에 모셨다고 하오."

"믿기지 않는 일이오. 하지만 우리들 앞에 있지 아니하오? '천축아욱왕'의 인연이 어찌 천년을 넘어서야 이루어졌을까요?"

"만명 낭자, 우리의 만남도 그러하리오."

"그게 무슨 대수요. 어떤 빌미로 누구에게 바쳐질지 모르는 운명이라오."

"무슨 말씀이오?"

"신라가 생긴 지 육백 년이 지났소. 성골의 남정네가 귀해지자 근친혼으로 왕가를 지키려 온갖 획책을 하여 왔지만 그게 마음대로 될 일이 아니잖소. 이젠 그러한 것을 빌미로 여인네들이 세력을 형성하여 나라를 경영하려고 하고 있소이다."

"그 무슨 '대원신통'이라는 계보 말인가요?"

"그러하다오. 왕녀들을 성골과 엮어 왕가를 이루기 위한 방책으로 근친혼을 시키면서 권력을 휘두르고 있다오. 그러니 소녀도 어느 근족에게 바쳐질지 모르는 처지라오."

사도태후는 권력을 한 손에 쥐고 있어, 감히 태후의 명을 어길 이가 없었다.

둘은 황룡사 장육존의 전각 돌계단의 흙을 털고 함께 앉았다.

"소녀를 구해주오!"

만명이 서현의 무릎에 얼굴을 파묻고 흐느꼈다.

"왜 그러오?"

"아무래도 소녀의 혼사를 서두르는 것 같소이다."

어느 듯 새록새록 정이 생겨 이런 것 저런 것 생각할 여지가 없었는데 새삼 소용돌이가 일었다.

서현의 집안은 증조부 대에 가야에서 신라로 복속되어 장자 가솔이 모두 서라벌 왕경에 머물렀다.

신라귀족으로 봉해져 함께한다는 것은 명분에 불과했고, 옛 가야에 있는 가솔들이 반란을 획책하지 못하게 하는 인질과 다름없었다.

그러다 담장을 넘어 사랑이 왔다.

그러나 자신으로는 이 사랑을 지켜 줄 힘이 없었다.

사도태후의 비위를 건드렸다가는 지신뿐 아니라 가문 선제가 어떤 화를 당할지 몰랐다.

서현은 자신의 무릎에 기댄 만명을 보면서 자신의 미약함이 한스러웠다.

## 6. 벼락이 내리치다

둘 사이를 알게 된 만명 어미인 만호부인은 대노하여 딸을 꾸짖고 있었다.

"서현(舒玄)은 가야 김 씨다. 결코 왕실가계에 적을 올릴 수 없는 일이다."

딸을 다그치자 바로 고개를 쳐들었다.

"누가 있기나 합니까? 소녀가 누구와 혼인하여야 하는지 말씀하소서!"

만호부인은 만명의 항거에 달리할 말문이 막히자 화가 머리 끝까지 치밀었다.

"보라! 누구 없느냐!"

궁인들이 놀라 들어왔다.

"가두어라, 별채에 가두고 자물쇠를 채우라!"

사태가 이상하게 돌아가자 만명은 황룡사 전각 계단에서 하염없이 기다릴 서현을 생각하니 안타깝기만 했다.

만명은 둘 사이가 사도태후와 어미에게 들킨 이상 서현이 무사하지 못할 것이라 여겨졌다.

어떻게 하든 빠져나가 둘 사이가 발각 난 것을 알리는 것이 급선무였다.

그러나 문은 잠겨있고, 궁인들이 지켜서 있기까지 한 형편이었다.

궁인들이 만명을 별채에 가두고 지켜서 있는데 갑자기 하늘이 컴컴해졌다.

그러더니 장대비가 퍼 붙기 시작하는 것이 아닌가.

하늘은 무심하여 천둥과 벼락도 내리쳤다.

서현이 비를 맞으며 기다릴 것을 생각하니 더더욱 마음이 조렸다.

"번쩍 쾅!"

별채에 갇혀있는 데도 번쩍하는 섬광이 머리통을 내리치는 것 같았다.

"번쩍, 번쩍 쾅쾅!"

아니 이게 무슨 변괴 인고, 섬광이 번쩍하더니 내리친 번개가 자물쇠를 깨어버리더니 문짝마저 떨어버리는 것이 아닌가!

"으아 악!"

만명도 놀랐지만 별채를 지키던 궁인들은 더 놀라 기겁하여 달아나기 바빴다.

만명은 이런저런 생각을 할 여지가 없었다.

우선 이곳을 벗어나 서현을 만나야 한다는 일념뿐이었다.

천둥 번개가 더 요란해지고 빗줄기도 더 세어지고 있었지만 개의치 않고 뛰쳐나가 눈을 감고 달렸다.

만호부인은 궁인이 달려오더니 덜덜 떨면서 말문을 열지 못하고 있는 것을 보고 답답해 물었다.

"왜 그러고 서 있느냐?"

떨고 있던 궁인은 부인이 묻자 그제야 정신을 차렸다.

"벼락이, 벼락이 쳤습니다."

"그래 천둥 벼락이 지금도 치고 있지 않느냐?"

"그게 아니옵고. 벼락이 별채에 ….."

"무어라?"

"만명아씨가 갇힌 별채 문에 벼락이 쳤나이다."

부인은 더듬거리는 궁인의 말을 이어보니 사태가 예사롭지 않음이 짐작되었다.

"만명은 안에 있느냐?"

"어디론가 달려갔사옵니다."

벼락이 쳤다니 우선 어디 다친 데는 없는지 걱정되었다.

"어디 다친 데는 없더냐?"

"그러지는 아니한 것 같사옵니다."

"같다는 게 무슨 말이냐. 살펴야 할 것이 아닌가!"

아무래도 서현을 만나러 간 것이 분명했다.

사람을 보내 알아보려 해도 시누이인 서현의 어미 아양공주
는 자신보다 높은 신분이어서 말도 붙이기 어려운 처지였다.

만명의 아비인 숙흘종이 소식을 듣고 달려왔다.

"부인 고정하시오."

"벼락이 쳤소이다."

"… ."

숙흘종도 멍하니 서있다 말문을 열었다.

"거택으로 갔다면 데려오기가 어려울 것 같소."

"태후께서 서현을 만노군 태수로 봉했다는 것도 알겠군요."

"우릴 원망할 것이오."

"어찌 태후의 의도를 거슬릴 수도 없지 않소."

"아양공주도 만만하지 않지 않소. 게다가 만명까지 그 집 며느리가 되면… ."

그건 그렇다고 치더라도 비를 맞으며 나간 만명이 갈아입을 옷이라도 있을지 염려되었다.

"비를 맞으며 나갔다니 갈아입을 옷이라도 보내주어야 할 것 같소이다."

"이왕 일이 이렇게 된 이상 시어머니가 될 아양공주의 심사를 건드리지 맙시다."

"태후께서 서현을 만노군 태수로 책봉한 것은 너무 서둔 것 같소이다."

"언제 임지로 간다고 하였소?"

"내일이라 알고 있소이다."

"어허, 그러면 서둘러야 할 것이오."

만호부인은 서둘러 옷가지를 챙겨 거택으로 보내라 명했다.

# 7. 서현, 만노군태수로 봉해지다

서현이 만명을 만나러 나서려는데 궐에서 집사가 왕명을 전하러 왔다고 했다.

"무슨 일이오?"

"서현공을 만노군 태수로 봉한다는 교지요."

진흥왕은 한강을 거쳐 서해로 나가는 교두보를 완전히 확보하는 한편, 고구려가 태백준령을 방비하지 못하는 약점을 파고들어 동해변을 차지하여 신라건국 이래 최대의 영토를 확보하였었다.

점령지에 위치한 만노군의 태수는 변방의 방비와 통치를 겸해야 하는 직이었다.

"언제 부임해야 하오?"

"내일 당장 떠나라는 태후전의 명이오."

"내일 말이오?"

"그렇소, 내일!"

왕명을 내세웠지만 집사의 입에서 저도 모르게 태후가 내린 명이라 흘러나왔다.

그렇다면 만명과의 만남이 들킨 게 분명했다.

서현은 만명에게 내일 자신이 만노군으로 간다는 것을 빨리 전해야 될 일이어서 만나기로 한 황룡사로 급히 말을 몰았다.

가는 도중에 내리기 시작한 비는 천둥과 번개를 안고 내리쳤다.

기다리고 있을 만명이 비를 피하기나 하는지 걱정을 하며 전각 아래 닿았으나 만명은 보이지 않았다.

어둠이 깔리기 시작하는 데도 오지 않았다.

길을 거슬러 가보려 해도 혹이나 엇갈리면 더 낭패여서 발을 굴리며 기다리는 수밖에 없었다.

그러고 있는데 만명이 신발도 신지 않고 비를 맞으며 달려오는 게 아닌가!

"어찌 된 일이오?"

서현의 물음에 만명은 답은 고사하고 온몸을 떨면서 서현의 품에 안겼다.

서현은 겉옷을 벗어 만명에게 입히고는 급히 말에 태웠다.

서현은 집에 도착하자 유모를 찾았다.

"유모, 우선 따뜻하게 해 주오."

식간의 하녀들도 나와 도왔다.

집안에 소란이 일자, 안채에 있는 서현의 어미 아양공주가 모를 리 없었다.

아니 그래도 아들과 만명이 만난다는 것을 알고 있었지만, 그리 염려할 일이 아니라 여기고 있었다.

'내가 누구냐, 그래도 명색이 진흥대왕의 딸 아양공주다. 품이 낮은 것들이 패를 지어 왕실을 농락하며 세를 과시하고 있지만

어림없는 일이다.'

공주의 신분으로 가야 왕족인 서현의 아비와 맺었지만 자신의 세를 확보하기에는 역부족이었다.

차에 만명을 며느리로 맞는다면 손해 볼 일은 아니었다.

유모를 불러 만명이 몸을 추스르면 안채로 들이라 일렀다.

서현의 어미인 아양공주는 만명이 오자 부드러운 어조로 말했다.

"총관께서 군영에 가 계시어 집안일은 내가 결정해야 할 것 같다."

만명은 인자하게 대하는 아양공주 앞에 풀썩 엎디면서 아뢰었다.

"어머님! 서현공이 내일 만노군으로 가게 되었다 하옵니다. 소녀도 따라가게 하여 주옵소서."

"만호부인이 날 또 원망하겠군."

"어머님, 저를 살려주옵소서."

"그래 서현이가 그리 좋던가?"

"… ."

"그래, 그리 염려하지 말라. 만노군에도 저자거리가 있을 것이니 간단히 챙겨가도록 하여라."

"어머님, 어머님, 고맙습니다. 흑 흑."

만명은 아양공주의 허락이 떨어지자 어린아이처럼 목 놓아 울었다.

"그 기세가 등등하다고 들었는데 울긴, 그만 그쳐라. 그리 가까운 길이 아니니 내 마차를 내어주마."

서현의 어미 아양공주의 마차는 신라에서 가장 화려한 것이었다.

진흥왕이 귀여워하는 딸을 가야왕족 무력에게 시집보내면서 만들어 준 것이었다.

그러고 있는데 궁에서 사람이 왔다고 했다.

"만호부인이 만명아씨의 옷가지를 보냈다 하옵니다."

"들이지 말고 전갈만 받아라!"

만호부인이 보낸 궁인은 만명을 보지도 못하고 가져온 옷가지가 담긴 상자들을 내려놓고 갔다.

## 2부

# 금갑옷을 입은 동자

# 금갑옷을 입은 동자

## 1. 멋진 마차

서현과 만명, 만호군 임지에 닿았다.

만호군 관헌들과 군민들은 무엇보다 태수를 따라온 화려한 마차가 궁금했다.

그들은 서현과 만명이 정식 혼례를 올렸는지에 대해서는 알 바가 아니었다.

"우아! 진짜 멋진 마차다."

"저런 건 처음 본다."

몰린 사람들 덕분에 환영식이 되어버렸다.

아랫사람들도 만명을 정중히 맞아주었다.

다 근엄한 마차 덕분이었다.

"우선 군영에 들렀다 오리다."

서현이 관사에 들리지도 않고 군영에 갔다 온다 했다.

"그리하소서."

왕경에 있을 때와는 달랐다.

아랫사람들도 있고 해서 정중한 언행을 해야 할 참이었다.

마꾼에게 두둑한 노자를 챙겨 보내면서 시어머니인 아양공주에게 감사의 글을 적어 보냈다.

만명은 마차를 보내고서야 자신이 떠나온 것이 실감되었다.

혼례를 치르지 않았지만, 부부로서의 장애는 아무것도 없었다.

서현이 바쁜 일정에도 밤은 거슬리지 않았다.

만명은 태어나서 처음 편안한 황홀경에 빠졌다.


## 2. 서현의 꿈

그러던 어느 날, 곤히 잠들어 있던 서현이 손사래를 치면서 잠꼬대를 했다.

만명은 흔들어 깨우기라도 하려다 기다리니, 뒤척이다 잠에서 깨어났다.

"꿈을 꾸셨나 보오?"

"허 참으로 기이한 꿈을 꾸었소이다."

"꿈 이야기는 바로 하는 게 아니라오."

"허 허. 그럼 내일 들려드리다. 그건 그렇고 오늘이 무슨 날이오?"

"바쁘셔서 날 가는 줄도 모르시나보오."

"그러게 말이오."

"경진일(庚辰日)이라오."

"아! 그랬소이까."

화성이 불을 뿜으며 춤추듯 하더니, 토성도 나래를 펴고 날뛰었다.

두 별이 서로 하늘을 점령해 언뜻 보면 용과 범이 서로 싸우는 것과도 같았다.

두 별은 더 강한 빛을 발하더니 자신을 향해 떨어지는 것이 아닌가!

너무 놀라 손사래를 치다 깨어보니 꿈이었다.

서현이 하루가 지나 만명에게 꿈 이야기를 해 주니 '참으로 좋은 꿈같다'며 기도를 시작해야겠다고 했다.

만명이 기도를 드리기 시작한 삼칠 일이 지난, 그러니 스무 하루가 지난 신축일(辛丑日) 밤에 동자가 금(金)갑옷을 입고 구름을 타고-乘雲入堂中-자궁으로 들어오는 꿈을 꾸었다.

그러고 나서 임신을 하였다.

진평왕 건복12년, 수 문제 개황15년인 을묘(서기595)에 유신을 낳았는데, 만노군에 온 지 스무 달 만이었다.

"아이 이름을 지어주시지요."

"생각해 놓은 이름이 있소이다."

"그러면 그렇게 하시지요."

"그래도 부인도 작명의 연유는 아셔야 하지 않겠소."

"어떤 연유인지요."

"전에 꿈을 꾸고 무슨 날인가 물은 적이 있지요."

"경진(庚辰)일이라 했사옵니다."

"일진이 아주 좋은 날 길몽을 꾸어 새기고 있던 참이어서 아이의 이름을 경진(庚辰)이라 지으려고 하니, 예법에 날 이름으로 짓는 게 아니라 하여, 경(庚)자와 유사한 유(庾)자로 하고 진(辰)은 발음과 의미가 유사한 신(信)으로 하려고 하오, 더구나 '유신'이라는 옛 성현도 있다고 하니 그리하면 어떠리오."

"'유신(庾信)'이라! 참으로 좋은 이름이옵니다."

## 3. 진평왕과 무력

서현과 만명 사이에 아들이 태어났다는 소식이 왕경에 전해졌다.

누구보다도 진평왕이 제일 반가와 했다.

그러나 사도태후의 눈치를 보아 내색하지는 아니하였다.

진평왕이 궁인을 불러 연회를 준비하라 일렀는데 아무도 그 연유를 알지 못했다.

마침 서현의 아비인 총관 무력이 큰 공을 세우고 왕경으로 돌아와 진평왕을 알현하려 궐에 들었다.

무력은 금관가야 구형왕의 아들이다.

가야 구형왕이 신라에 백기투항하자, 신라에서 진골의 골품을 주어 맞이하였었다.

그리고 가야 구형왕의 셋째인 무력과 진흥왕의 딸인 아양공주와 혼인시켰다.

그런데 의외로 무력의 활약은 대단하였다.

무력은 선왕 진흥왕대에 신라건국이래 최대의 영토를 확보하는데 큰 공을 세웠다.

그러니 총관 무력은 김유신의 할아버지고, 진흥왕의 딸 아양공주는 김유신의 할머니이다.

총관 무력이 들자, 왕이 용상에서 내려와 기뻐 맞았다.

"어서 오오. 승전을 축하하오."

"황공하옵나이다. 모든 것이 전하의 은덕이옵나이다."

"아니오, 아니오, 귀공의 덕이오!"

"소식을 들었소이까?"

"무슨 말씀이오신지요?"

"그렇지! 거택에 들리지 아니하고 바로 궐로 왔으니 그 좋은 소식을 짐이 전하게 되는 구려. 하하하."

늘 소심하게 지내던 왕이라 호탕한 웃음소리를 듣는 게 처음이었다.

"짐의 사매인 만명이 공의 아들 서현과 도망을 갔지 않았소."

"송구하옵나이다."

"송구하긴, 뭐가 송구하오. 얼마나 멋진 일이오."

"예?"

"짐도 그런 사랑을 한번 해 보았으면 하오. 그러나 마나 공과 짐은 사돈 간이오. 하하하."

왕이 또 한 번 호쾌히 웃고 나더니 말을 이었다.

"그런데 말이오. 아들을 낳았다고 하오. 허허허."

"예?"

"그 보오. 짐이 이 기쁜 소식을 총관에게 처음 전하게 되었다니까. 허허허."

왕의 입가가 올라가 내려올 줄 몰랐다.

"… ."

무력이 어리둥절하는 표정을 짓자, 왕이 말했다.

"그런데 말이오. 짐이 보낸 첩자에 의하면, 아니 첩자가 아니라 몰래 보낸 궁인의 보고에 의하면 아이의 품이 준수할 뿐 아니라 등에 칠성판을 졌다고 하오. 이거, 이거 예사로운 경사가 아니오. 허허허."

"황공하옵나이다."

"짐이 연회를 마련하겠소. 그저 승전의 연회라 하오. 실은 공과 짐만 알고 있으오. 아니 아양공주에게는 말씀드리도록 하오. 그리고 서현과 만명을 곧 왕경으로 불러들일 터니 공은 염려 마오."

"황공, 황공하옵나이다."

아직 자리를 잡지 못한 왕이 이렇게 기뻐하는 데는 연유가 있었다.

우선 가야계 김씨 세력의 주축인 집안과 사돈이 되면, 사도태후를 둘러싼 '대원신통' 세력을 견제할 수 있게 될 것이었다.

한 아이가 정국의 핵이 될 줄 아무도 짐작하지 못했다.

당장 할머니인 아양공주의 입김이 세어질 것이고, 만호부인과 숙흘종도 딸과 사위의 편에 설 것이었기 때문이었다.

아니나 다를까, 유신이 태어났다는 소문이 나돌자 사도태후가 주축인 대원신통에 줄서 있던 왕녀들이 만호부인과 아양공주의 눈치를 보기 시작했다.


## 4. 풍악을 울려라

왕이 육부장의 내외와 왕가의 친지들을 초청한 승전축하 연회에서 건배에 앞서 엉뚱한 명을 내렸다.

"만노군 태수 서현을 곧 왕경으로 불러들여 중히 쓰려고 하오. 모두 그리 아시오. 무력 총관은 짐이 상을 내리려고 해도 사양하니 축하주나 한 잔 받으오."

다른 때 같았으면 사도태후의 승낙이 있어야 하던 말을 왕이 뱉어버렸지만 아무도 토를 달 수 없었다.

내심 가장 기뻤던 이는 유신의 외할머니인 만호부인이었다.

아니 그래도 외손자가 보고 싶어 죽을 지경이었는데 왕이 명을 내리자 눈물마저 나왔다.

또한 자신의 아들인 왕이 당당히 명을 내리는 모습을 보니 대견하고 고맙기도 했다. 하기 사 신라의 군권을 가진 무력이 사돈인데 두려울 것이 없었다.

이도 다 만명의 덕이었다.

아니 새로 태어난 아이의 덕분이었다.

모두 화기애애한 분위기로 취기가 올랐다.

그런데 연회가 시작될 때부터 왕 뒤에 그림자처럼 서 있는 건장한 미소년이 있었다.

왕이 일어서려다 취기가 있어 휘청거리자 이 미소년이 재빠르게 왕을 부축했다.

다른 때 같으면 궁녀들이 해야 할 일이었다.

취기가 찬 왕이 무력을 불렀다.

"총관 이리로 와 보시오."

왕이 무력을 가까이 오라 하더니 무슨 말을 하는 것 같았지만 아무에게도 들리지 않았다.

"짐 뒤에 있는 아이가 진지왕의 아들 비형이오."

"네에?"

무력은 깜짝 놀라면서 왕 뒤에 서 있는 아이를 보니, 진지왕의 모습이 담겨있었다.

"짐이 집사벼슬을 내렸소이다."

"… !"

"총관이 좀 가르쳐야 할 것 같소이다."

"분부 받잡겠나이다."

진흥왕의 뒤를 이어 등극한 진지왕(사륜왕)은 4년 밖에 재위하지 못했지만, 진지왕은 그 사이 가야계를 내치려는 세력들로부터 지켜주었었다.

무력이 그 은공을 모를 리가 없었다.

진평왕이 아무도 돌보지 않은 선왕 진지왕의 혼외자를 궐로 불러들여, 그것도 벼슬까지 내려 챙겨주고 있다니 무력의 무딘 마음도 뭉클하였다.

'참으로 신의를 지키시는 군주시다. 이만하면 목숨을 바쳐도 좋을 만하다.'

무력은 허리를 깊이 숙이며 자리로 돌아왔다.

"오늘 참 좋은 날이오. 짐이 또 반가운 이를 초청하였소이다."

왕의 말이 떨어지자마자, 두 부인이 궁중예복을 입고 나타났다.

한 부인은 모두가 낯익은 진지왕비인 지도부인이지만, 옆에 선 여인은 누구인지 알 수 없었다.

"지도부인! 그런데 옆에 있는 여인은 누구? 누구지요?"

모두 여인의 미색에 놀라면서 여인이 누구인지 궁금하기 짝이 없었다.

여인이 왕 앞에 와서 정중히 예를 올렸다.

"도화부인 그 동안 고생 많았소이다. 선왕이 계셨으면 좋아하실 터인데….."

"도화? 아니 도화녀란 말이오!"

놀라 서로들 쳐다보면서 여인을 다시금 보았다.

"이제 '도화부인'으로 칭하도록 하오."

가장 당황한 이는 사도태후였다.

마땅히 미리 의논을 한 후 행해야 할 일들이었는데 왕이 연회 자리에서 하교해 버리는 것이었다.

어쩔 수 없었던 것은 모두가 자리에서 일어서서 왕의 결정에 하례하였기 때문이었다.

재위기간은 짧았지만 진지왕(사륜왕)의 탄핵으로 인한 상체기는 너무나 깊었었다.

그런데 예상치 않았던, 그야말로 초대받을 수 없는 손님이 왔고, 왕의 전격적인 교지로 그 상체기를 한꺼번에 씻어버리는 것이었다.

모두 사도태후의 눈치를 살피며 분위기가 어색해지자, 왕이 말머리를 돌렸다.

"지도부인, 용춘공 더러 궐로 들라 이르시오."

"황공하옵나이다."

왕이 지도부인과 진지왕과의 사이에서 난 아들 용춘을 거명하였다.

용춘은 왕의 아들이었으나, 아비가 탄핵되어 왕좌를 잃은 터라 나서지 않고 있었다.

왕이 선왕의 아들 용춘을 거명한 것은 훌쩍 자란 공주가 셋 있지만 아들이 없었기 때문이었다.

더구나 덕만은 여간내기가 아니어서 왕이 눈치를 보아야 할 처지였다.

아니 그래도 연회에 참석해야할 덕만공주가 보이지 않았다.

"덕만공주는 어디 있는가?"

궁인이 왕의 물음에 아뢰지 못하고 어쩔 줄 몰라 하자 연회장의 분위기가 갑자기 싸늘해졌다.

"그것이 … . 공주님이 아니 계시옵나이다."

"무어라?"

"중원으로 가는 사신단 일행과 함께 하셨다고 하옵나이다."

"무어라, 부인은 모르고 계셨소이까?"

왕비가 당황하여 일어서면서 말했다.

"군사를 보내오리까?"

"소용없소이다. 말 타기가 군사를 앞지르는데 가할 것 같소?"

화기애애하던 분위기가 덕만공주의 일로 얼어붙자 왕이 서둘러 화제를 돌렸다.

"그 공주를 탓할 일이 아니오. 짐을 닮아 그런 걸 어쩌겠소. 허허."

왕이 장중의 분위기를 돌리고 나서 풍악을 울려라 일렀다.

# 5. 서현, 눈물을 흘리다

얼마 후, 서현이 왕경으로 와서 만명과 함께 진평왕을 알현하였다.

"짐의 허락도 없이 함께하였으니 그 죄가 얼마나 큰지 알기나 한가!"

"용서해 주시옵소서."

"아들의 이름이 뭔고?"

"유신이라 하였사옵나이다."

"그래, 좋은 이름이구나. 짐이 참으로 부럽다. 허허. 유신을 보아 용서해 주마."

"성은이 망극하나이다."

"만명은 후원으로 가서 하례하도록 하고, 서현은 짐과 나눌 말이 있다."

만명이 먼저 궁인을 따라 후궁으로 가자 왕이 주변을 물렀다.

"신라의 영토를 이렇게 넓히는 데는 무력 총관의 공이 지대하였다. 그러나 공치사를 제대로 해 주지 못한 것이 사실이다. 그러나 신라 성골 공주가 총관의 부인이 아닌가. 공에게는 신라 성골 피가 흐르고 있다는 것을 잊어서는 아니 될 것이다."

"황공하옵나이다."

"이제 무력 총관은 물론이고 원로 장군들의 시대는 갔다. 바로 말하자면 용춘과 서현이 군부를 나누어 맡아주었으면 한다. 건국 이래로 가장 넓은 영토를 보전하자면 지금부터가 중요하다. 왕족과 귀족들은 자신의 안위만 살피고 있음이다. 더구나 패거리를 지우는 일이 염려스럽다."

왕은 내정을 먼저 걱정했다.

서현은 왕이 이렇게 깊은 속내를 가지고 있는지 몰랐었다.

"그리고, 밖의 사정이다. 우리가 백제와 고구려를 염려하는 것은 그들이 우리의 변방을 침탈하는 것도 그러하지만 그들이 주변 강대국의 먹이가 되면 신라도 없어져 버릴 것이기 때문이다."

서현은 깜짝 놀랐다.

자신이 미처 생각지 못했던 점을 왕이 짚어내는 것이었다.

"백제와 고구려의 내정이 너무나 염려스럽다. 백성을 보살피지 아니하는 나라는 반드시 망하기 마련이다. 이는 예외가 없었던 역사이다. 짐이 무슨 말을 하려고 하는지 알겠느냐?"

"삼국을 보존하는 길을 하교하시고 계신 줄 아옵나이다."

"그래! 짐의 의도를 알아주는구나. 지켜야 한다. 그러기 위해서 삼국이 뭉쳐야 한다. 자의로 뭉쳐지지 아니하면 강제로라도 뭉쳐지도록 하여야 한다. 당대에 되지 아니하면 다음, 다음 대에서라도 이루어야 한다. 그러기 위해서는 시작이 있어야 하느니라."

왕이 살기위한 방도를 제시하고 있었다.

아니 보존해야 할 길을 제시하고 있었다.

"신명을 바치겠사옵나이다."

어쩐 일인지 서현의 눈에서 막힘이 없는 눈물이 흘러내렸다.

그러는 사이, 만명이 사도태후 전에 들렀다가 만호부인궁에 가니 숙흘종도 함께 기다리고 있었다.

"아버님, 어머님!'

만명이 공손히 예를 올리자 기쁨을 감추지 못했다.

"그래 아이는 누가 돌보고 있는가?"

만호부인과 숙흘종은 외손주를 보고 싶은 마음이 앞섰다.

"아양공주께서 … ."

"그렇지, 친할미께서 손주를 봐주셔야지."

숙흘종이 참지 못하고 말을 앞질렀다.

"부인 뭐라도 챙겨 보내야 할 것 아니오. 그래야 아양공주의 마음이 풀어질 게 아니오?"

"이미 챙겨 보냈나이다."

"잘 하셨소. 정말 잘 하셨소."

무력총관의 거택에 만호부인이 보낸 수레가 셋이나 닿았다.

바리바리 무엇이 실렸는지 아무도 몰랐다.

# 3부

# 신국야사(神國野史)

# 신국야사(神國野史)

## 1. 사륜왕(진지왕)

지난 서기576년, 황룡사의 장육존상이 눈물을 흘리더니 제24대 진흥왕이 붕어하였다.

왕의 장자인 동륜태자가 일찍 죽어, 왕위 계승의 1순위인 동륜태자의 아들이 있었지만 아직 어렸다.

진흥왕비이며 태자의 모후인 사도태후는 혼란한 정국을 안정시키기 위해 태자의 동생인 사륜을 등극시킨다.

'제25대 사륜왕은 시호가 진지대왕이고, 성은 김씨다. 서기576년에 왕위에 올라 나라를 4년 동안 다스렸는데, 정치가 어지럽고 행실이 음란하여서 나라 사람들이 그를 폐위시켰다'고 기록했다.

사륜왕(진지왕)의 손자가 김춘추, 나중에 태종 무열왕이 된다.

왕이 폐위된 연유를 자세히 보기로 한다.


## 2. 사륜왕, 도화녀를 만나다

사륜왕은 사도태후의 명에 따랐을 뿐이지, 본인은 왕좌를 탐하지 않았다.

등극만 하였지 정국을 움직이는 것은 태후였다.

그러니 남는 건 시간뿐이었다.

사륜왕은 궐이 답답하기만 하여 틈만 나면 변색을 하여 민가의 저자거리로 나다녔다.

백성들이 주막에 앉아 있는 왕을 모를 리가 없어 쑥덕거렸다.

그러던 어느 날, 왕이 북천 건너 민가 시전 통을 지나다 한 여인과 스쳤다.

여인에게서 복숭아 향내가 나기에, 데리고 간 궁인에게 황급히 말했다.

"보라, 지금 지나간 여인의 뒤를 밟아보아라."

"네?"

"어디에 사는 어떤 여인인지 자세히 알아보라."

궁인이 뒤를 밟아보니, 사량부에 속한 도화녀이라는 여인이었다.

왕의 명을 받고 여인의 꽁무니를 따라붙은 궁인이 와서 왕께 아뢰었다.

"사량부에 속한 도화녀라 하옵니다."

"그, 복숭아꽃처럼 아름다운데 이름도 그러한가?"

"그러하옵나이다."

"짐이 지금 꼬치꼬치 물어보는 뜻을 모르겠느냐?"

"들라 하오리까?"

"긴 말은 하지 말라."

그러고 있는데 파발꾼이 와서 아뢴다.

"백제 군사가 변방을 넘어와서 민가의 곡식을 탈취해 갔다고 하옵니다."

"변방을 지키는 군사들은 뭐하고 있는 것이냐?"

"성안에서 나오지도 아니하였다고 하옵니다."

백제와 고구려 군사들이 하루를 멀다하고 도발을 일삼는 판에, 왕은 장군들이 알아서 할 일이라며 관심을 두지도 않고, 궁인을 시켜 도화녀라는 여인을 데려오라고 했다.

왕이 도화녀를 가까이서 자세히 보니 정말 미인이었다.

정신이 나가 다짜고짜로 한 번 안아 보았으면 한다고 하니, 여인이 정색을 하며 지아비가 있는 몸이라 불가하다고 했다.

사륜왕이 이성을 잃고, 죽일 수도 있다고 하여도 꿈쩍하지 아니했다.

"너를 죽일 수도 있다."

"죽어도 아니 되옵니다."

"왜 그러하냐?"

"지아비가 있는 몸이옵나이다."

"허, 지아비가 있어서⋯."

"그러하옵나이다."

"내가 누구냐?"

"그리하여도 아니 되옵나이다."

여인을 탐하면서 한 번도 거절당한 적이 없었다.

그래서 거절당할 때에 어떻게 해야 하는지 방책을 세워놓고 있지 않아, 그저 창피하기만 했다.

"꼭 남편이 없어야만 가한가?"

"그러하옵나이다."

"그러면 그렇게라도 약조해 줄 수 있느냐?"

"네?"

"남편이 없으면 허락하여야 한다."

어찌할 수 없어 체면이라도 살리려고 남편이 없어지면 가하겠느냐고 던졌다.

여인이 그러하다면 가할 것이라고 하자, 왕이 약조를 하자고
하였다.

여인은 더 이상 물러 설 수 없어 그렇게 하였다.

그러고 나서도 정사는 뒷전이고, 자나 깨나 도화녀 생각에 벗
어날 수 없었다.


## 3. 탄핵의 빌미

이 일이 빌미가 되어 탄핵을 당했지만, 실은 이 일을 소문 낸
것은 왕 자신이었다. 신라 왕실에서는 골품의 귀족이 아닌 여인
을 탐하는 것을 엄격히 금했다.

도화녀를 궐로 불러들인 일은 어떠했던 아니 될 일이었다.

더구나 여인은 지아비가 있는 몸이었다.

왕의 형인 죽은 동륜태자의 아들을 옹립하려는 세력들이 호시
탐탐 노리고 있던 차에 이 일로 말미암아 제대로 책잡히게 된다.

상대등이 와서 사도태후에게 추문을 고하자, 태후는 진지왕
(사륜왕)을 불렀다.

"어이된 일이오?"

"소문대로 이나이다."

"그래서 어쩌겠다는 거요?"

"내어놓겠습니다."

사도태후는 가슴이 타들어가는 것 같았지만 사륜이 스스로 물러나겠다고 하니 더 할 말이 없었다.

"비와 왕자들은 궁에 살라하고, 왕은 당장 나가시오!"

태후는 사륜왕에게 바로 나가라 하였다.

사륜왕은 아무런 변명을 하지 않고 자신의 잘못을 수긍하고 왕자리에서 내려왔다.

그리하여도 신분의 틀을 벗어 던질 수는 없었다.

고민 끝에 내린 결론은 자신이 죽어버리는 것이었다.

자신의 죽음을 알리게 하고 장사도 거창하게 치렀다.

사기는 '왕은 폐위되고 얼마 있다 붕어하였고, 그 후 2년이 지나 도화녀의 남편이 죽었다.'고 적고 있다.


## 4. 죽은 왕이 오다

왕이 죽은 지 두 해가 지나, 도화녀의 남편이 죽었다.

그녀가 탈상을 한 후, 어느 날 죽었다는 왕이 생전의 모습으로 나타났다.

도화녀는 너무 당황하여 부모에게 일렀다.

"부모님, 왕이 오셨습니다. 죽었다는 왕께서 생전의 모습으로… ."

아무리 그래도 동서고금에 그러한 일은 없었다.

전설의 이야기를 과장하여 그러한 장면을 연출시키기도 하지만 죽은 자가 살아올 리 없었다.

그러니 분명히 자신의 죽음을 위장한 것이었다.

"귀신이냐?"

"그런 게 아니옵니다."

"어떤 연유인가?"

"아마도 붕어하신 게 아니었던 모양입니다."

"그렇다면 빈 관으로 장례를 치른 것인가?"

"그건 저도 모르는 일이옵니다."

"그렇게까지 하면서 찾아오신 연유가 무엇인고?"

"전에 남편이 없으면 찾아와도 된다는 약조를 한 적이 있었습니다."

"참으로 어처구니없는 일이다."

"어찌하오리까?"

"어쩌긴 어쩌겠느냐. 약조를 하였다면서."

왕은 여인을 찾아가서 전에 한 약조가 아직 유효한지 물으니, 여인이 부모님의 허락이 있으면 가하다고 했다.

여인의 부모는 왕이 죽기까지 하면서 딸을 찾아온 것도 그렇고 딸자식이 남편 상을 치를 때까지 기다려 준 것도 그러하여 어쩌겠느냐고 한다.

그리하여 왕이 그 집에 7일 동안 머물렀는데, 오색구름이 집을 감싸고 방안에는 향기가 그득하였다고 한다.

연후에 여인은 태기가 있어 달이 차자 아들을 낳았다.

이 아이가 '비형'이다.


## 5. 비형을 궐로 불러들이다

이어 등극한 진평왕은 삼촌인 사륜왕이 불미한 일로 폐위되었지만, 자신에게 양위하기 위해 거짓으로 죽었다는 것을 알고 있던 차에 선왕(사륜왕)의 혼외자가 있다는 소문을 들었다.

소문이 사도태후에게도 닿자, 어미와 아이를 불렀다.

그리고 진평왕에게 이를 어찌하였으면 좋으냐고 물었다.

"선왕의 혼외자를 어찌할까요?"

"왕실과 나라의 안정을 위해 왕 자리도 버리시고, 죽음까지도 위장하신 분이옵나이다."

"늦기 전에 데려다 키워야겠소."

"망극하옵나이다."

"이미 들라 하였으니 그리 아시오."

이러하여 사륜왕과 도화녀 사이에 난 아들인 비형을 들여 키웠는데 총명하기가 이를 데 없었다.

15세가 되자 왕이 집사라는 벼슬을 주어 궐 일을 도우라 하였다.

그런데 이상한 것은 밤이 되면 어디론가 가는 것이었다.

보고를 받은 왕이 용사 오십을 시켜 지키게 해도 군사들을 따돌렸다.

어찌어찌 군사가 뒤를 밟아 숨어보니, 서쪽 황천 가에서 재주꾼들과 어울리고 있었다.

자세히 살피니 신기에 가까운 재주를 부리는 자들이었는데, 비형이 그들의 우두머리였다.

그들은 절에서 새벽 종소리가 나야 흩어졌다.

그러한 것을 왕에게 아뢰니, 왕이 비형랑을 불러 물었다.

"재주꾼들을 부리는 것이 사실이냐?"

"그러하옵니다."

"네가 그들의 우두머리가 맞느냐?"

"그러하옵나이다."

"그들이 어떤 재주를 가진 자들인가?"

"그야말로 온갖 재주를 가진 자들이옵나이다."

"그러하다면 그들 중에 다리를 놓는 재주를 가진 자도 있는가?"

"그러하옵나이다."

"마침 신원사 북쪽 구거에 다리를 놓아달라는 백성들의 청이 있기에 한 번 놓아보라."

비형은 그들을 부려 돌을 다듬어 단숨에 다리를 놓았다.

어찌나 빨리 잘 놓았는지 사람들이 그 다리 이름을 귀교라 했다.

진평왕이 신기하여, 궐 일을 볼 만한 자도 있는가 싶어 물었다.

"재주꾼 중에 궐 일도 시켜볼만한 자가 있느냐?"

"길달이라는 자는 능히 시켜볼만 하옵니다."

왕이 허락하여 집사벼슬을 주어 일하게 하니, 충직함이 무쌍하였다.

마침 각간 임종에게 아들이 없음에, 왕이 임종에게 길달을 상속자로 삼게 하였다.

길달은 비형의 천거로 신분을 넘어 관직을 얻고 재상의 상속자가 되자, 흥륜사 남쪽 누문에서 잠을 자면서 충직하게 일하였는데, 사람들이 그 문을 길달문이라고 했다.

그러던 길달이 궁의 재물을 탐하다 비형에게 들켜 도망가자, 비형이 부하들을 데리고 멀리까지 쫓아가 잡아 죽였다.

길달은 빼돌린 재물로 도적의 무리를 거느리려 했던 것이었다.

왕이 비형의 충직함을 어여삐 여기고 백성들도 그의 강직함을 칭찬하였다.

아니 그래도 나라 안에 크고 작은 도적들이 들끓었는데, 이를 안 비형이 왕의 명을 받아 모두 소탕하였다.

그러자 도적들은 비형의 이름만 들어도 도망쳤다.

그리하여 백성들의 칭송을 받았다.

사륜왕은 왕위를 버리면서 사랑을 찾았다.

사랑은 참으로 형용하기 어려운 것이었다.

당사자만 알 일이었지 누구도 어쩌고저쩌고할 일이 아니었다.

순수한 사랑은 모든 것을 뛰어넘었다.

처음에 왕을 탄핵했던 사람들이 나중엔 그의 진솔함에 사륜왕을 흠모하였다.

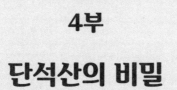

# 4부

# 단석산의 비밀

# 단석산의 비밀

## 1. 유신, 원광을 만나다

유신의 아비 서현은 수하 중에 뛰어난 부하를 사범으로 정해 어린 유신에게 먼저 기공술인 호흡과 축공을 가르치도록 하였다.

유신은 기공을 조금 익히더니, 가르치지도 아니한 공중회전도 하고 나무의 허리께를 발로 차며 건너뛰기도 하는 것이었다.

사범은 유신에게 무공의 본 기술을 가르칠 만하다고 판단되어 나아가기와 물러서기를, 손치기와 발차기의 기본에 들어가자 숙련도가 상당히 진척되었다.

그러다 유신이 뛰어 발차기를 하는 것을 본 만명부인이 대노하였다.

"기공만 가르쳐라 일렀는데 어찌 무공을 가르치고 있느냐!"

"송구하옵나이다. 공자님이 워낙 뛰어나셔서 소인도 모르게 진도가 나가버렸나이다."

애매한 사범만 혼쭐났지만, 이미 메치기를 구사할 정도였다.

"시간을 나누어 황룡사 원광법사에게 사사받을 것이니 그리 알라!"

만병부인의 엄명이 있었다.

유신이, 중원에 가서 이십 수년을 보내다 온 원광법사의 지도를 받게 된 것은 천운이었다.

원광은 스물셋 때 진나라로 가서 소용돌이치는 중원의 변화를 몸소 겪고 돌아와 황룡사에 머무르고 있던 참이었다.

만명부인은 유신의 손을 끌어 황룡사에 가 원광법사에게 공부를 부탁했다.

"아이가 공부할 나이가 되었나 봅니다. 잘 이끌어주시옵소서."

"소승이 알아서 가르치겠나이다."

만명부인이 유신을 남겨두고 돌아가고 난 뒤에 법사가 유신에게 물었다.

"이 절 이름이 무엇인지 아느냐?"

"황룡사가 아니옵니까?"

"그래, 그런데 왜 '황룡사'라 하는지 아는가?"

"용? 하늘을 나는 용? 모르옵니다."

유신은 무언가 하늘을 날아오르는 용과 무슨 연관이 있으리라 짐작만 되었다.

"지금 진평왕이 신라 26대 왕이시니, 제24대 진흥왕(서기553년)때다. 너의 증조부인 금관가야 구형왕이 신라에 복속된 후, 너의 할아버지 무력과 그 수하 장수들이 한강하류의 신주를 차지하였다.

한강 하류는 넓은 곡창지대와 더불어 광활한 염전이 펼쳐져 있고, 남해로 돌지 않아도 서해로 닿아 중원과의 왕래가 용이하단다. 뿐만 아니라 크고 작은 광산도 적지 않게 분포되어 있고, 다른 물산도 풍부하게 나는 곳이지."

"신주와 이 절과 무슨 관계가 있나이까?"

"점령지가 궁금했던 왕은 직접 순행을 나서 돌아본 후, 왕경으로 돌아와 신궁을 지었으면 했단다. 왕이 월성 동쪽 들판을 가르치며 저곳이 어떠냐고 물으니 신하가 답하기를, '더할 나위없는 명당'이라 하여 그리하기로 하였단다."

눈을 깜빡이며 재미있는 이야기라도 들으려다 실망하는 빛이었다.

"스님, 명당이 무엇입니까?"

"좋은 곳이란 말이다."

"그리하여서요?"

"신궁의 경계가 그려지고, 수차례 신하들도 의견을 내놓자 여러 번 고친 후에, 물자를 조달할 계획을 세우고 공사를 맡아 할 책임자를 선정하고, 날을 잡아 하늘에 제사도 지냈단다.

공장이 먹줄을 놓아 궁궐 앉힐 곳을 정하고 기둥설 자리를 정해 주어 구덩이를 파라고 인부들에게 이르고, 막사에서 다음 공정을 살피고 있는데 인부가 와서 '구덩이를 파다 용이 나왔다'고 했단다."

"와! 구덩이에서 하늘을 나는 용이 나왔군요!"

"하늘을 나는 용이 아니라 사철, 즉 철광을 말한단다."

"에이."

"그런데 자세히 살피니 그도 보통 용이 아니라 황룡이었단다."

"그건 또 무엇인가요?

"왕 중의 왕이 아니라, 용 중의 용, 최고의 품을 가진 철광이라는 말이란다."

"이야!"

유신은 무언지는 모르겠지만 최고라는 말에 신이 났다.

"더 자세히 알아보니 묻힌 양도 짐작키 어려울 정도라 왕에게 아뢰니, 신궁 공사를 중단하고 절을 지어 기다리자고 하였단다."

"용을 캐면 될 터인데 왜 기다리자고 했지요?"

"평지에 묻혀 있는 사철을 캐는 데는 어려움이 있단다. 조금만 파고 들어가면 지반이 무너져버려 적은 양만 채광할 수 있기에 새로운 채광법을 알아낼 때까지 기다릴 수밖에 없었단다."

"그러하다면 지금 소자가 앉아 있는 아래에 황룡이 잠자고 있다는 말씀이옵니까?"

"그러하단다. 아주 영명하구나."

"부끄럽사옵니다."

"너는 자라서 큰일을 해야 하는데, 그것은 삼한을 통합시키는 일이다. 황룡을 깨우는 것이 그 비책 중의 하나이니라."

"소자는 무슨 말씀인지 모르겠사옵니다."

"걱정 말라. 차차 알게 될 터이니, 무예도 그러하지만 공부도 소홀히 해서 아니 될 것이다!"

유신이 집에 돌아와 아무래도 믿기지 아니하여, 어미에게 물었다.

"어머님, 소자가 공부하러 가는 절 밑에 정말 황룡이 잠자고 있나이까?"

"법사께서 그러시더냐?"

"네."

"그래 어미에게 묻는 걸 보니 아무래도 믿기지 않아서 그러는가 보구나."

"그러하옵니다."

"법사님 말씀대로란다."

"소자가, 잠자고 있는 황룡을 깨워야 하니 열심히 공부하라고 이르셨습니다."

"그렇게 말씀하셨구나. 나무아미타불!"

"어머님 방금 누굴 부르셨습니까?"

"차차 알게 되겠지만 부처님의 자비를 구하는 경송이란다."

"황룡과 부처님과는 무슨 사이인지요?"

"모든 사물이 부처님의 손안에 있단다."

"소자는 뭐가 뭔지 모르겠사옵니다."

유신은 아무래도 수긍이 가지 아니하였지만 그러한 곳에서 공부를 한다고 생각하니 마음이 가볍지는 않았다.


## 2. 천사옥대(天賜玉帶)

서기581년에 수나라 문제가 즉위했다.

북주의 사정은 이미 실권을 가진 수국공 양견(서기541~604)이 모든 것을 휘두르고 있던 시점이었다.

이후 수나라가 공식적으로 건국되었다.

수나라의 고조 양견은 건국을 준비하면서 주변국의 사정을 살피지 않을 수 없었다. 중원의 뒤통수라 할 수 있는 동쪽 고구려, 신라, 백제 그리고 왜국의 사정도 미리 살펴야 할 중요한 사안이었다.

사신을 보내 자신의 건국의지를 피력하고 협조해 줄 것을 요청하였지만, 신라만 빼놓고 다른 나라는 자국의 내정에 정신이 없는 지경이라 외치에 신경 쓸 여유가 없었다. 유독 신라만이 자신의 계획에 관심을 보이면서 함께 할 것을 약속해 왔던 것이었다.

이에 양견으로서는 천군만마를 얻은 셈이었고, 신라가 백제와 고구려를 견제하는 정황이어서 고맙게 여기지 아니할 수 없었다.

그리하여 신라에게 어떠한 증표를 할 것인가를 고심하였던 것이다.

건국의 요인들과 의논하니 동맹의 상징을 거하게 하는 것이라야 할 것이라 하였다.

"금으로 새기고 옥으로 장식하여 길이는 열 아름으로 하고, 아로 새긴 각 띠가 예순 두 개가 되도록 하라!"

최고의 장인을 시켜 상당한 옥대를 만들도록 하명하여 사신을 시켜 마침 등극한 진평왕에게 보냈다.

사신이 이르기를 "상황께서 내리는 옥대이옵나이다"라고 말했다. 이는 혈맹을 의미하는 상징물이었다.

그 후 수나라가 8여년 만에 중원을 통일하는 위업을 달성하자, 실로 천사옥대의 위세는 대단한 것이 되었다.

신라 진평왕은 중요한 행사가 있을 때 이 옥대를 찼는데, 그 위엄이 상당하였다.

수나라는 성업을 이어가지 못하고 망하였지만, 신라에 하사한 천사옥대의 위엄은 빛을 잃지 않았다.

이것이 신라 삼보(三寶) 중 하나이다.

## 3. 별들의 각축

고구려에서는 서기590년에 26대 영양왕이 즉위하고, 594년에 연개소문이 출생했다.

다음 해인 595년 신라에서 김유신이 출생한다.

백제에서는 서기598년 28대 혜왕이, 599년 29대 법왕이, 이어 600년에 30대 무왕이 즉위했다.

그리고 신라에서 604년에 김춘추가 출생한다.

즉 김유신은 김춘추 보다 9살이 많았다.

서기605년에 수나라 양제가 등극하고, 611년에 양제가 고구려를 침공하였다.

서기618년 당나라가 건국되어 당 고조가 즉위하고, 같은 해 고구려 영류왕이 즉위한다.

서기595년에는 고구려의 승 혜자가 일본으로 건너가 쇼토쿠 태자의 스승이 되었고, 같은 해 백제의 혜총도 일본에 건너갔는데, 두 승려는 호코지에 머무르면서 20여 년 동안 태자를 가르쳤다.

유신이 태어나던 서기595년 전후로 한 신라, 백제, 고구려, 중원, 왜국은 그야말로 유신의 태몽과 같이 별들이 서로 엉키어 싸우고, 태어나고, 사라지는 운세였다.


## 4. 수로왕의 용술

임지에서 오랜만에 왕경에 온 아비 서현은 유신이 훌쩍 자란 것을 보고, 낡은 표지에 '龍術'(용술)이라 쓰인 서책을 건네면서 일렀다.

"시조 수로왕 때에 탈해라는 사나이가 등장했는데, 그는 완하국 함달라왕의 아들이라고 했다. 기골이 장대한 사나이가 선단을 몰고 와서 수로왕에게 왕 자리를 내놓으라며 결투를 신청했단다.

한 번도 져 본적이 없는 탈해는 수로왕을 제압하고 가야의 왕좌를 빼앗으려 했었지. 결투가 시작되자, 탈해가 매로 변하여 수로왕을 공격하자 왕은 독수리가 되었고, 탈해가 날쌘 새로 변하여 도망가니 왕은 매로 변해 사로잡았단다. 탈해의 무공 수준이

수로왕을 따르지 못했던 것이었지.

수로왕이 탈해의 목숨을 거둘 수도 있었으나 살려주니, 선단을 몰고 중국 쪽으로 향해 갔다. 이를 본 수로왕이 아무래도 후일이 걱정되어 500척의 배로 탈해를 추격하자, 탈해는 뱃머리를 신라로 돌려 추격을 피해 갔단다.

이후 탈해는 신라의 네 번째 왕이 되었단다. 무공도 역사와 함께 이어져 내려와, 기골이 장대하다고 해도 열심히 익히지 않으면 상대를 제압할 수 없단다. 비책에 의해 수련하는 것과 그렇지 않는 것은 가히 견줄 바가 아니다.”

용술 서책의 표지를 넘기니 사범이 가르치던 기본자세와 동작이 그려져 있고, 뒤로 갈수록 급수가 높은 과정이 수록되어 있었다.

시조 수로왕 때부터 내려 온 비책이었다.

유신이 ‘무기술’인 목도와 봉을 막아내는 기술과 단도로 공격해 오는 상대를 제압하는 기술까지 익히고 있을 때에 화랑 입단 심사의 날을 맞았다.

화랑단은 귀족의 자녀로 장차 지도자를 양성하기 위해 있었다.

화랑단에 입단 하려면 풍월주가 보는 앞에서 심사를 거쳐야 했다.

“글은 그 정도면 되었으니 무공이 어느 정도인지 보아야겠다.”

풍월주가 지정하는 화랑이 나와 유신과 상대하였는데 공격도

해보지 못하고 나가떨어지자 더 상급의 화랑을 불러 세워도 유신을 당하지 못했다.

유신은 화랑이 된지 얼마 아니 되어 한 무리를 이끄는 '용화향도'가 되고, 곧 풍월주 호림공의 부제가 되었다.

유신의 나이 십오 세 때이다.


## 5. 단석산에서

유신, 나이 17세 때였다.

고구려, 백제, 말갈의 국경 침탈이 빈번하여 신라나라 사람들이 고통을 받자 유신은 의분하여 외적을 평정할 뜻을 세우고, 중악석굴에 가서 무도한 적을 평정하여 나라의 안녕을 기할 힘을 달라고 빌었다.

그러기를 나흘 째 되는 날, 갈피로 만든 옷을 입은 노인이 홀연히 나타서 물었다.

"독충과 맹수가 있는 산중에 귀공자가 어찌 혼자서 무엇을 하고 있는가?"

유신이 오히려 의아해서 되물었다.

"누구 시온지요?"

노인이 말했다.

"일정한 거처도 없이 떠도는 '난승'이라는 자다."

유신은 평범한 이가 아니라 여겨져 예를 갖추고, 자신이 이곳에 올라 기도하는 뜻을 말했다.

"나라의 안녕을 위해 한 몸을 바치고자 하옵니다."

"그것이 무엇인가?"

"삼한통합을 이루고자 하는 뜻이옵니다."

"어허, 천기를 누설하고 있구나."

"소자가 기도 중에 선인을 뵈옵게 되었사옵니다. 부디 물러나시지 마옵시고 뜻을 이루기 위한 방술을 가르쳐 주옵소서."

노인이 눈을 감고 아무런 말을 하지 않고 있자, 유신이 물러서지 아니하고 애원하였다.

"부디 길을 가르쳐 주옵소서!"

"어린 나이에 그러한 뜻을 품고 있음이 갸륵하군. 삼한통합의 비법 중 하나를 가르쳐 줄 것이나, 만약 의롭지 못하게 쓰면 오히려 재앙을 입을 것이리라."

"오직 의를 위해 쓰겠사옵니다."

유신이 읍소를 하며 매달렸다.

"따라오라!"

노인을 따라 허둥대고 2리 쯤 갔을 때에, 산위에 불빛이 보였는데 가까이 다가가니 그 빛이 오색찬란하였다.

그런데 앞서 가던 노인이 보이지 않아 적이 당황되었다.

노인이 난국을 구할 비법을 가르쳐 준다며 따라오라 해놓고는 어디론가 사라져 버린 것이었다.

정신을 가다듬고 주변을 보니 온통 칡넝쿨이 엉켜있었다.

그리고 보니 노인이 칡껍질로 만든 옷을 입고 있었었다.

유신은 '칡 있는 곳에 쇠가 있다.'라는 말을 들은 바가 있었다.

그렇다면 노인은 쇠의 신령이 틀림없다고 생각되었다.

산 위에서 비추이는 오색찬란한 불빛은 분명 '쇠'와 연관이 있으리라 생각되었다.

오색찬란한 불빛이 발하는 곳에 더 가까이 다가가보니, 언뜻 대장간인 줄 알았다.

도가니에서 끓는 쇳물에서 오색찬란한 불빛이 발하고 있었다.

자세히 보니 장인이 끓는 쇳물에 돌가루를 뿌리고 있었는데, 돌가루가 끓는 쇳물에 닿으면서 일어나는 광경이었다.

"아니!"

유신이 놀란 것은 쇳물에 돌가루를 뿌리고 있는 이가 사라진 노인이었기 때문이었다.

노인이 끓는 쇳물에 돌가루를 뿌리자 오색 창연한 빛이 튀어 마치 성운과 같았다.

"뭣하고 있느냐! 비법을 배우고자 해놓고 멍청히 서있으면 어떻게 하느냐? 어서 내 일을 도우라!"

노인의 일갈에 정신을 차리고 팔을 걷어 노인의 일을 돕기 시작했다.

"더 강한 무기를 만들 수 있는 비법을 알아야 하느니라. 무쇠를 두드려 칼을 만들어도 그 강하기가 어느 정도에 그칠 뿐이다. 그렇다면 두드려 만드는 강쇠 보다 더 강한 쇠를 만들어야만 보검을 얻을 수 있다."

풀어져 있던 끈이 '비법'과 '쇠'로 이어졌다.

뜨거울 정도가 아니라 다가가기도 어려운 열기를 이겨가며 일을 도우며 노인의 이야기를 듣고 보니 그랬다.

유신도 쇳물에 무뢰한은 아니었다.

화랑단에서도 자신의 칼은 스스로 벼려 만들었다. 대장장이들은 단지 도와주는 역할을 할 뿐이었다.

"그런데 쇳물에 뿌리는 이 붉은 돌은 무엇입니까?"

"단석(丹石)이다. 마노라고도 하지."

"왜 이곳에서 이 일을 하시는지요?"

"이 산에 단석이 나기 때문이다."

쇳물에 돌가루를 뿌리는 작업을 하고 난 뒤에 막대모양의 형틀에 부어 식힌 후에 그야말로 대장장이 일이 시작되었다.

## 6. 유신, 보검을 얻다

난승은 유신에게 일렀다.

"전장에서의 무기는 곧 힘이다.

새로운 나라를 만드는 데는 언제나 새로운 무기가 등장했었다.

해모수에게 배운 유화의 제철기술이 주몽에게 이어졌고, 박혁거세와 아리영의 제철기술이 신라를 만들었고, 김수로왕의 제철기술이 가야를 만들었었다.

문화가 되어 이어져왔지만 더 강하고 더 많은 무기를 만들 줄 알아야 나라를 보존할 수 있단다.

그동안은 서로 팽팽한 힘이 유지되어 오히려 서로 끊임없는 분쟁이 이어져 왔다.

이러한 고통을 잠식시키기 위해서는 더 강한 무기가 필요하다."

유신은 단석산에서 강쇠 만드는 비법을 받았지만 보검을 바로 얻을 수 없었다.

그러는 사이 변방의 사정은 더욱 악화되어 나라의 경계가 점점 허물어지고 죽고 잡혀가는 군사와 백성의 수가 늘었다.

그러나 유신은 발만 굴리고 있는 처지였다.

그러고 있던 차에 '인박산 불성골 대장장이들이 쇠를 다루고 있는데 상서롭지 않은 기운이 감돈다'는 말을 듣고 단석산에서 얻은 강쇠를 가지고 찾았다.

보검을 얻기 위해 인박산에 올라 중악에서와 같은 기도를 올렸다.

강쇠를 달구고 두드려 애쓰니, 강쇠에 태양 빛의 영기가 내려 보검을 만들 수 있었다.

밤이 되어 남극성과 북극성이 발하여 보검을 비추자 검이 살아있는 듯 요동쳤다.

만들어진 보검으로 바위를 내리치니 단번에 둘로 갈라졌다.

유신은 감사의 기도를 드리고 의를 쫓아 삼한을 통합하리라 맹세하였다.

# 5부

# 천관녀의 도움

# 천관녀의 도움

## 1. 백석의 유인

유신은 18세에 누구도 예상치 못했던 국선이 되었다.

옛 가야에서 내려오던 '용술'을 익혔기 때문에 이길 자가 없었던 것이다.

이로써 화랑에서의 그의 기반이 탄탄해졌을 뿐만 아니라, 나라 안은 물론이고 백제나 고구려까지 그의 명성이 알려졌다.

그러자 많은 이들이 그를 추종하였는데, 그 중 백석이라는 자가 있었다.

출신이 모호한 자였지만 워낙 충실히 따랐던 탓으로 신임하여 속내도 드러내어 나누는 사이가 되었다.

그는 무술도 상당했고 박학했다.

특히 주변국 사정을 잘 알아 흥미로운 이야기들을 들려주었다.

손발이 되어 따라다니며 허드레 시중도 들었다.

이런 자가 한 둘 더 있으면 천하를 얻을 수도 있을 것이라는 생각마저 들었다.

너무나 정신없이 추겨 세우는 바람에 그와 함께 있을 때엔 그야말로 왕이라도 된 듯했다.

그리하여 그에게 자신이 품고 있는 삼한통합에 관한 생각도 털어놓게 되었다.

백석이 묵고 있는 주막에서 맛있는 음식을 먹으며 어떤 전략을 세워야 적국을 공략할 수 있을 것인가를 의논하게 이르렀다.

"백석, 어떻게 해야 삼한통합의 첫걸음을 뗄 수 있을 것이오?"

"예로부터 '지피지기'라 하였습니다."

"그렇다면 적국의 사정을 소상히 알아야 한다는 게 아니오."

"바로 그것이옵니다."

"아직 세작을 쓸 권한도 없고 그럴 처지도 못되오."

"설령 세작을 보낸다 하더라도 보는 눈에 따라 다를 것이오."

"그렇다면 어떻게 하면 된다는 말이오?"

"국선께서는 직접 가서 보기를 주저하지 아니하리라 봅니다."

"그럼 어디부터 가리오?"

"백제 땅이 가까우니 그리로 먼저 가시지요."

"길은 아오?"

"골화산을 넘어가는 길이 가장 가깝습니다. 언제 떠나시려고 하시는지요?"

"날이 밝으면 노자를 마련해 올 터이니…."

노자가 필요한 것은 자명한 일이라 그리 말하고 차일피일 미룰 일이 아니라 당장 내일이라도 나서야 하는 일이었다.

"아니 그래도 제가 은전을 마련해 두었습니다. 우선 쓰시고 다녀와서 보충해 주셔도 되옵니다."

"허 허. 그렇다면 오늘밤 출발해도 되겠구려."

"그렇사옵니다. 대업은 때가 있는 법인데 금일 일진이 참으로 좋은 날이어서 이 밤에 나서는 것이 좋을 것 같사옵니다."

"그리해도 되겠소?"

"아니 될 일도 없사옵니다."

## 2. 신녀들의 도움

일이 이상하게 돌아가 버렸다.

백석과 함께 백제로 잠입하기로 사전에 계획한 것도 아니었다.

이야기를 나누다 보니 분위기에 휩쓸려 당장 떠나기로 했던 것이다.

국경을 넘어가는 길이 그리 쉽지 않은 일이지만, 노자가 든든해야 했다.

백석은 언제 준비한 것인지 봇짐을 꺼내 맸다.

유신이 물었다.

"언제 이런 준비를 해 놓았소?"

"국선을 모시고 언제든지 갈 수 있도록 하였습니다."

길을 나서자 금방 왕경을 벗어나 서쪽 고갯마루에 닿아 잠시 숨을 돌리려 앉았는데, 두 여인이 따라 와서 말을 걸었다.

같은 길을 간다는 여인네들과 두런두런 이야기를 나누면서 골화천에 이르러 유숙하게 되었다.

다음날 또 한 낭자가 홀연히 나타났는데, 이 여인이 내어놓은 맛있는 과자를 먹으며 즐겁게 이야기를 나누다보니 서로 스스럼없는 사이가 되었다.

그러다 백석이 잠깐 자리를 비운 사이 늦게 나타난 낭자가 유신에게 물었다.

"어디로 무엇을 하러 가시는 길이옵니까?"

"실은 저자와 같이 백제 땅으로 가는 길이라오."

"참으로 백제 땅으로 가실 작정이옵나이까?"

"이미 작정하고 나섰소이다."

"저자가 들으면 아니 되오니 잠시 소녀를 따라오소서."

낭자는 유신을 숲속으로 이끌었다.

"소녀는 나림·혈례·골화 등 삼위의 호국신을 모시는 신당의 수장 천관녀이옵나이다."

유신이 의아해서 낭자에게 물었다.

"그런데, 나에게 할 말이 무엇이오?"

"백석이 묵고 있는 주막은 저희 신당에서 몰래 운영하는 곳이랍니다. 주막에 나타나는 낯선 사람이나, 여러 동정을 궐에 알리는 일을 하고 있답니다. 비형랑께서 일찍 왕명을 받아 도모하신 일이랍니다."

유신이 들어보니 비형랑이 관장하고 있는 왕의 비선이라면 의심할 여지가 없는 일이였다.

"그런데 여긴 어떻게 온 것이오?"

"지금 공과 동행하는 자는 오래 전부터 주막에 머물고 있는 자이온데 저희들이 예의주시하고 있는 요시찰인물이랍니다. 그런데 엉뚱하게도 유신공의 수하가 되어 오늘과 같은 일이 일어났사옵니다."

"오늘 같은 일이라니?"

"일이 급하게 되어 자초지종은 나중에 아뢰겠습니다만 지금 저자를 따라 적국으로 가시면 아니 되옵니다. 얼마 전에 수상한

자들이 와서 저자를 만나 나누는 이야기를 엿들었는데, 공을 적
국으로 유인만 하면 기다리고 있다 해치겠다고 했사옵니다."

"나를 해친다면? 죽인다는 말이오!"

"그렇사옵니다. 그리하여 공이 적국으로 가시는 길을 막으러
신녀들이 먼저 따라 붙고 소녀가 뒤따라 온 것이옵니다."

"나를 위험에서 구하러 왔다는 말이군요."

"그러하옵니다."

"고맙소! 허겁지겁 나를 구하러 왔구려."

유신은 거듭 감사하고 골화관으로 돌아 와 백석에게 말했다.

"지금 생각해 보니 적국으로 가서 긴히 쓰일 문서를 빠트려,
돌아가 가지고 와야겠소."

"소중한 것이라면 그리 하시지요."

## 3. 백석의 자백

유신은 거택으로 돌아오자 백석을 포박하고 물었다.

"네가 나를 사지로 몰아넣으려 했느냐?"

자신의 정체가 드러난 것을 알자 그간의 사정을 실토했다.

"저는 본래 고구려 사람입니다. 백제와 신라를 넘나든 세작이

었는데 백제의 관리가 저에게 공을 자국으로 유인하기만 하면 큰 보상을 하리라 하였습니다.

왜 꼭 유신공인가 물으니 그 자가 이런 말을 하였습니다.

'왕이 국경의 물이 거꾸로 흐르는 일이 생겨 추남이라는 점쟁이에게 물으니 대왕의 부인이 음양의 도를 역행하여 일어난 일이라 이르니, 왕비가 노하여 왕에게 요사한 점쟁이를 벌하여 달라고 청하자, 왕은 쥐 한 마리를 뒤주에 가두고 점쟁이 추남에게 물으니 '쥐가 여덟 마리 들어있다'고 말하자 왕이 그를 처형하라 명했답니다.

점쟁이 추남이 이르기를 '내가 죽어 장군이 되어 이 썩어빠진 나라를 망하게 할 것이다'라고 말하고는 죽었는데 나중에 뒤주 안에 들은 생쥐의 배를 갈라보니 새끼 일곱을 가졌었답니다.

그날 밤 왕이 꿈을 꾸었는데 점쟁이 추남이 신라국 서현공의 부인에게로 들어가더랍니다.

추남이 죽어 장군으로 환생하여 복수를 하겠다고 하였으니, 사정을 살피니 국선이 된 공이 그 장군이 분명하기에 필히 제거해야한다 하였습니다.

그래서 저더러 공을 유인하면 큰 보상을 주겠다고 하였습니다."

유신은 그가 자신을 유인하여 죽이려했던 것과 적국의 세작이라는 것을 비형랑에게 알리고 그를 인계하였다.

얼마 후 그가 처형되었다는 소식이 왔다.

유신은 위기에서 구해준 호국신당의 신녀들에게 많은 재물을
헌공하였다.


## 4. 주막의 여인들

백석이 머물던 주막에서부터 이야기가 다시 시작된다.

왕경으로 들어오는 길목에 있는 주막은 신전에서 제물을 얻
기 위해 운영하는 곳이었다.

그러면서 지나는 나그네나 머무는 사람들의 동정을 살피는
임무도 띠고 있었다.

신라에는 예로부터 내려오는 삼신을 모시는 호국신 사당이 있
었다.

불교가 들어와 기복을 내세우자 모두 사찰로 몰리면서 호국
신 사당을 돌아보지 아니할 때에 왕이 비형랑에게 하명하여 돌
보게 하였다.

그 기능도 강화시켜 원화에서 이탈된 귀녀들을 신당의 소속
으로 하여 주막의 운영권도 주도록 하였다.

왕의 비선인 비형랑은 진지대왕, 즉 사륜왕과 도화부인 사이
에서 난 왕족이지만 어미가 평민이어서 제대로 대접을 받지 못

했지만 왕이 궐로 불러 벼슬을 주었었다.

비형랑은 나라 안에 설치는 불순세력과 도적들을 척결하여 진평왕의 치세에 많은 도움을 주고 있었다.

왕도 그를 신임하여 비선으로 삼아 세작의 관리도 맡기고 있었다.

신녀들은 주막에 머물고 있는 백석을 예의주시하여 감시하고 있었지만, 국선이 신임하여 가까이 두고 있는 자라 함부로 짐작할 일이 아니었다.

그러나 낯선 사람들이 자주 찾아와 백석과 긴밀한 말을 나누기도 하였고, 많은 은전을 백석에게 건네는 것을 보았다.

그러던 중 갑자기 유신이 백석의 말에 넘어가 지체하지 않고 적국으로 간다는 바람에 엿듣던 신녀들은 당황하지 않을 수 없었다.

우선 두 신녀가 따라붙기로 하고, 신당을 관장하는 천관녀에게 급히 알려 골화관에 이르도록 한 것이었다.

다행히 유신이 천관녀의 말을 들었으니 망정이지 그리하지 않았으면 사태가 어찌되었을지 모르는 일이었다.

유신이 정신을 차리고 보니 목숨을 구해 준 은인이 아리따운 낭자였다.

그러한 연유로 천관녀의 거처에 자주 들락거리게 되었다.

## 5. 유신의 의기(義氣)

백석이 비형랑에게 인계되어 철저한 조사를 받자, 그가 고구려 사람으로 백제의 사주를 받아 유신을 유인하여 보검에 대한 비법과 신라에 대한 정보를 취합한 후에 제거하려 했다는 것이 소상히 밝혀졌다.

비형랑이 유신을 따로 불러 그간의 사정도 물었다.

백석이 탈취하려던 보검비법에 대하여 중점적으로 묻고 유신의 생각에 대해서도 물었다.

"보검이라? 그 무슨 말이오?"

"칼의 강도가 특수함입니다."

"그 비법을 어떻게 알았소?"

"단석산에서 합금을 하는 것을 배웠고, 인박산에 있는 불성골에서 단조를 이루었나이다."

"백석 외에 그 일을 아는 자가 있소?"

"아는 이가 없사옵니다."

"중한 일이니 함구하고 있도록 하오."

"분부 받잡겠습니다."

"그리고 삼한통합 같은 일을 어찌하여 혼자 도모해 보려 했소?"

"저는 아직 전장에 나갈 나이가 되지 않았지만 적국의 횡포로부터 백성과 군사들의 고통을 잠식시키는 길은 오직 그길 밖에 없다고 생각했기 때문입니다."

비형랑은 유신의 의기가 충천하고, 나라를 걱정하는 마음이 충직하다는 것을 알 수 있었다.

"적국에 대한 정보 수집은 왕께서 하명하시어 이미 은밀히 추진하고 있는 사안이오. 의기는 좋으나 이는 혼자서 이룰 수 있는 일이 아니라 보오."

"명심하여 자중하겠습니다."

"왕께서 하명하신 일이 있다오."

"무슨 명이신지요?"

"용춘공의 자제인 춘추의 무술연마를 맡아주어라 하시었소."

춘추는 올해 십 세라 무술연마를 시작할 나이가 되었다.

더욱이 진지왕(사륜왕)의 장손이다.

"분부 받잡겠나이다."

유신이 춘추의 무술사범이 된 것은 다행한 일이었다.

# 6. 사랑에 빠지다

백석사건이 있은 후에 혼란스런 마음을 다잡을 수 없었는데, 그나마 천관녀와의 만남이 상당한 위로가 되어주었다.

일과가 끝나면 바로 거택으로 가지 아니하고 천관녀의 처소로 향했다.

늦게 돌아가기도 했지만 밤을 지내는 일이 태반이었다.

"이번에 새로 지은 비단이불이옵니다."

천관녀가 새로 지은 이불자랑을 했다.

"어찌 이리 무늬도 좋소."

"중원에서 온 장사치가 가져 온 비단이랍니다."

왕경의 밤은 둘의 것이 되고 있었다.

어쩌다 집에 들어 간 날 아침, 어머니 만명부인이 유신을 불러 세웠다.

"나가기 전에 내 긴히 할 말이 있다. 요즈음 어디를 가기에 늦게 들어오거나 아니 들어오는 게냐?"

유신은 할 말을 잊고 머뭇거렸다.

"백석의 일로 심상한 것은 이해하나 술을 너무 과하게 먹는 게 아니냐. 술은 그렇다 치고 잠은 어디에서 자고 오는 것이냐?

어미와 할미가 너희 집안에 들어와서 겨우 가야의 그늘을 지우려하고 있는데, 네가 천관녀의 집에 들락거린다는 것을 왕실에서 안다면 참으로 난감할 일이 아닐 수 없다.

너는 반드시 신라왕실과 혼인을 해야 하느니라. 어미가 더 구차한 말을 하지 않겠다. 그리하지 아니하면 너의 앞날뿐만 아니라 집안의, 나라의 앞날도 여의치 아니할 것이다.

하여간 지난 일은 그렇다 치더라도 이 시각 이후에는 절대 그런 일이 없도록 하라. 이 어미와 약조할 수 있겠는가?"

유신은 더 할 말이 없었다.

"그러하겠사옵니다."

"나가 보아라."

유신으로서는 참으로 암담한 일이었다.

괴로운 날이 하루 이틀 흘러갔다.

낭도들을 훈련시키고 나니 허한 마음이 더해서 주막으로 갔다.

주모가 놀라 자리를 안내했다.

"어서 오시오소서,"

자리를 안내하고 나서 무엇을 가져올까 물었다.

"드시고 싶은 것이 무엇인지요?"

유신은 무엇이 먹고 싶어서가 아니라 마음이 허전해서 들렀을 뿐이었다.

"몹시 피곤하군. 술과 안주를 좀 주구려."

"네 잠시만 기다려 주시오소서."

그리 오래 기다리지 않았는데도 술과 안주를 가져왔다.

그러는 사이에 빗소리가 들렸다.

울적한 마음이 더해지면서 천관녀를 보고 싶은 마음이 요동쳤다.

그러나 어머니와의 약조를 어기어서는 아니 되었다.

한 잔 두 잔 먹다보니 적게 먹은 술은 아니었다.

주막지기가 비가 그친 것을 보고는 취한 유신을 말에 태워 말엉덩이를 치니, 말은 가벼운 걸음으로 나아갔다.

유신은 말 등에 올라 깜빡 졸았다.


## 7. 말의 목을 치다

천관녀는 하루도 빠지지 않고 들리던 유신이 며칠 째 오지 아니하자 졸이는 마음을 감출 수 없었다.

혹 싫증이라도 난 것인지, 모르는 사이에 실수라도 한 것이 아닌지 안타깝기 그지없었다.

지나는 말발자국 소리에도 놀라고 스치는 바람소리에도 소스라쳤다.

간혹 늦은 밤에 오기도 하여, 그런가 하여 꼬박 밤을 세기도 했다.

그렇다고 기별을 넣어 볼 처지도 아니었다.

오지 않아도 좋으니 불길한 일이 난 것이 아니면 되리라 생각해도, 그도 그렇지 않았다.

골화관에서 유신을 만날 때에는 오직 그를 적국으로 가지 못하게 말려야 한다는 일념밖에 없었다.

그러고 나서 어떻게 하여 여기까지 오게 된 것인지 자신도 알수 없는 일이었다.

자신이 아비가 누구인지 알 수 없는 신녀의 딸에 불과하다는 것을 알고 있기에 어떤 기대를 가지고 다가간 것이 아니었다.

그러나 그와 함께 있으면 좋았다.

꼬집어 말할 수 없지만 한없이 좋아서 그렇게 함께 있었으면 했다.

가만히 앉아서 기다릴 일이 아니었다.

초저녁에 비가 내리더니 그마저 그쳤지만 흐린 날씨 탓인지 어둠이 더 짙어지고 있었다.

혹이나 하여 문밖을 내다보다 어둠이 짙어 보이지 않자 대문밖에 나가 기다렸다.

'천지신명이시여, 소녀의 기원을 들어주시옵소서!'

눈을 감고 손을 모아 기원하며 서 있길 얼마나 되었을까?

그저 가만히 있는데도 눈물이 주룩주룩 흘렀다.

기다린다는 것이 그러한 것이었다.

그러고 있는데 길모퉁이에 말 그림자가 어리었다.

달려가 말고삐를 잡고 거처로 이끌었다.

말 등에서 졸던 유신이 정신을 차려보니 천관녀가 고삐를 잡고 있었다.

말은 늘 오던 길을 왔던 것이다.

유신은 어찌해야 할지 갈피를 잡을 수 없었다.

여기서 무너지면 아니 될 일이었다.

말 등에서 내려 칼을 뽑아 말의 목을 내리쳤다.

선혈이 튀어 오르고 말이 쓰러진 것은 순식간의 일이었다.

## 8. 송화방의 전설

만명부인은 하인들로부터 전날 밤에 있었던 일을 듣고는 마음이 아팠다.

그래도 아들의 목숨을 구해준 아이가 아닌가.

신녀가 되려면 출신이 비천해서는 아니 될지라, 전사한 아비의 소중한 여식일지 모르는 일이었다.

천관녀에게 무슨 말이라도 해주어야 할 것 같아서 불렀다.

"그래, 내가 야속하냐?"

"아니옵나이다."

"어쩔 셈이냐?"

"기도나 하며 살까 하옵니다."

"내게 할 말이 없느냐?"

"소녀가 한 번만 '어머님'이라고 부르게 허락하시오소서."

만명부인은 내색은 하지 않았지만 가슴이 쓰렸다.

"그리하려무나."

부인의 허락이 떨어지자 천관녀는 자리에서 일어나 큰절을 올리며 울었다.

"어머님, 흑흑흑."

"내, 네가 기도하며 사는데 불편함이 없도록 할지니 그리 알라."

"고맙습니다. 어머님!"

"내가 고마워해야 할 일이다. 자식 놈의 목숨을 구해 준 은인에게 이렇게 밖에 하지 못하다니, 참고 살면 좋은 날도 있을 것이다."

그것만으로 되었다.

천관녀는 여인으로 태어나서 짧은 날이었지만, 이것만으로 충분하다 여겼다.

평생 마음속의 지아비를 섬기는 것은 대수로운 일이 아니라 여겨졌다.

그리고 만명부인의 자비로움도 고마웠다.

'삼국유사'에 재매부인의 죽음이 대두된다.

그리고 청연 위 골짜기에 장례를 지냈다고 한다.

그러한 연유에서 그 골짜기를 재매곡이라고 했다.

해마다 봄이 되면 그 집안 종사를 돌보는 여인들이 계곡의 남쪽 냇가에서 연회를 열었다.

종사를 돌보니 시종들이 제사를 지내주었던 것이다.

그 무렵이면 온갖 풀꽃들이 만발하였고, 숲과 동리와 골짜기에 송화가 그득하게 날렸다.

그 골짜기 어귀에 암자를 지었는데 송화방이라 이름하였다.

이곳은 후일 소원을 비는 절이 되었다고 한다.

종사를 돌보는 이들이 연회를 지냈다.

정식 제례가 아니지만 재매부인을 기리는 행사였던 것은 분명하다.

오직 한 지아비를 위해 기도하다가 일생을 바친 여인을 위한 예우였을 것이다.

' … (김유신)능은 서산 모지사 북쪽에 동으로 뻗은 (송화산)봉우리에 있다.'

소원을 비는 절이 모지사라면, 재매부인은 죽어서도 김유신의 능을 바라보는 은혜를 누렸다.

더구나 송화방과 송화산은 아무런 관련이 없는 것일까?

이제는 재매부인의 정체에 대한 혼란을 털어버리고 가도 좋을 것 같다.

천관녀가 재매부인인 것이었다.

# 6부

# 덕만공주

# 덕만공주

## 1. 덕만공주를 만나다

유신에게 입궐하라는 기별이 있었다.

뜻밖에도 춘추가 미리 와 있었는데, 그 옆에 남장을 하고 칼을 찬 낭자가 함께 있었다.

궐에서 칼을 차고 있다니 높은 신분의 낭자일 듯 했다.

'혹시?'

유신은 속으로 '덕만공주가 아닌가?' 했다.

"국선, 유신랑인가? 나, 덕만!"

털털한 목소리로 자신을 먼저 알리자, 유신이 놀라 자리에서 일어나 예를 갖추었다.

"소인, 공주님을 뵙습니다."

"나 처음 보는 게지. 화랑 연병장에 가서 몇 번 보았다네. 그래, 춘추에게 무술을 가르치고 있다고 들었다."

"부끄럽사옵니다."

"명색이 국선인데, 춘추가 워낙 그쪽으로는 흥미를 가지지를 못해서 그러하지. 그래도 글공부는 잘하고 있다니⋯."

그러고 있는데 비형랑이 왕을 모시고 들어왔다.

모두 일어나 허리를 굽히고 나서 자리에 앉았다.

"이런 이야기는 짐의 입에 담기가 그렇지만 유신에게 사사(私事)가 있었다고 들었다. 만명부인은 짐의 사매(私妹)이지만, 태후도 함부로 하지 못하는 위인이라 아들인 유신이 이해하도록 하여라. 그래도 정이 많으니 걱정하지 않아도 될 것이라."

"황송하옵나이다."

"다 나라의 장래를 위함이니라."

덕만공주가 듣다 불편한지 한마디 했다.

"아바마마, 여인네는 그렇게 버려져도 되나이까?"

진평왕은 덕만과 언쟁을 해 봐야 덕이 없다는 것을 알고 있는 터라 말머리를 돌렸다.

"이렇게 한자리에서 보니 참 좋구나."

"⋯."

모두 왕의 말이 무엇을 뜻하는지 몰랐다.

"유신은 덕만공주를 처음 보는가?"

"그러하옵나이다."

"나라를 경영하자면 인사에 만전을 기해야 하기에 들라고 하였다. 변방은 이사부와 무력에 이어 용춘과 서현이 맡아 짐과 백성들이 편히 잠을 이룰 수 있도록 애쓰고 있다.

그에 못지않게 왕실의 안정도 기해야 하는데 짐에게는 왕자가 없다. 인연이라는 것이 피로서 이어가기도 하지만 의로써 이어가기도 한다.

아직 그러한 것을 걱정할 때가 되지 않았다고들 해도, 사람일이란 하늘에서 만 아는 일이다. 미리미리 대비하지 않으면 아니 될 일들이다."

그러고 보니 비형랑은 진지왕의 서자이고, 춘추는 진지왕의 손자이며, 유신은 왕의 모후의 외손자이다. 그리고 덕만공주는 왕의 딸이다.

"춘추는 올해 몇인고?"

"열둘이옵나이다."

"그래 국선에게 무술은 잘 배우고 있는가?"

"황송하옵나이다."

"쉬엄쉬엄 하려무나. 원광법사에게는 배울 것이 많으니 소홀함이 없도록 하라!"

춘추는 거택에 가서 유신에게 무술을 배운다고 하지만 아직은 어린아이의 티를 벗어나지 못하고 있었다.

유신의 여동생들인 보희와 문희와 어울려 놀기 바빴다.

그리고 보니 서로 오누이와 같이 잘 지냈다.


## 2. 용춘과 서현

전장에서, 춘추의 아비 용춘과 유신의 아비 서현은 궐 소식을 들었다.

덕만공주와 유신과 춘추, 그리고 비형랑에게 무슨 긴한 명을 내렸는지 알 수는 없었지만 나쁜 일은 아닐 것 같았다.

용춘은 진지왕이 폐위되지 않았으면 자신이 태자가 되었을지 모르는 처지고, 가야계 서현은 아비 무력이 신라의 영토를 늘려준 장본인이지만 그 공을 인정받지 못해 제대로 된 직을 부여받지 못하고 있는 처지였다.

용춘이 먼저 서현에게 손을 내밀었다.

"적진이 물러갔다 하니, 오랜만에 함께 자리하도록 합시다."

"둘이 함께 있기는 오랜 만인 것 같소이다."

"그러게 말씀입니다."

"내 늘 장군을 감시하는 입장에 있는 것 같아 미안했소이다."

왕은 가야계 군사를 이끌고 있는 서현의 동향이 항상 마음에 걸리고 있었다.

그들이 만약 반란을 일으키면 나라의 안위가 어떻게 될지 모르는 일이었다.

그렇다고 제거할 입장도 아니었다.

백제와 고구려의 국지적 침공을 막으려면 그들의 군력이 절대적으로 필요하기도 하였지만, 이미 전왕 때에 국토를 넓혀준 것도 그들이었기 때문이었다.

그리하여 신라군의 수장인 용춘으로 하여금 항상 동태를 살피라 일렀던 것이었다.

그렇다고 신라군 수장을 맡고 있는 용춘이라 하여 안심할 처지도 아니었다.

장군들의 거택을 모두 왕경에 두게 한 것도, 만약에 있을 사태를 방비하기 위해 식솔들을 인질로 묶어두고 있음이었다.

"왕께서 아이들을 불렀다고 하지요."

"네, 그 자리에 비형랑과 덕만공주도 함께 하였다고 합니다."

"허허, 우리도 이젠 찬밥 신세가 된 것 같소이다."

"무슨 말씀을 … ."

"다음 세대에게 좋은 나라를 물려 줄 생각이나 하십시다."

"허, 허, 벌써 그렇게 되었습니다."

용춘공이 서현에게 서로가 지니고 있는 앙금을 털어내고 유신과 춘추의 앞날을 걱정해 주자고 했다.


## 3. 유신을 둘러싼 귀족들


유신의 증조부는 서기532년(법흥왕19) 신라에 투항한 금관가야의 구해왕이며, 할아버지 무력은 진흥왕의 딸 아양공주와 혼인하여 유신의 아버지인 서현을 낳았다.

가계를 들먹이는 것은 아버지의 가계가 가야계 왕손이라고 하지만 신라 진골의 신분에 미치지 못하면서도 골품의 여식과 혼인을 하게 되었음이다.

어머니 만명부인은 실은 처음부터 혼인한 것이 아니고, 만노군의 태수로 쫓겨난 서현을 따라가 유신을 낳고 난 뒤 허락을 받았었다.

당시 세력의 축은 진지왕(사륜왕)의 어머니인 사도태후(~서기614)와 그의 며느리인 만호부인이었다. 만호부인은 유신의 외할머니이다.

서현 집안이 유신의 탄생으로 하여금 신라 대귀족의 서열에 끼어들었다.

이는 개인적인 영달에 관한 문제가 아니고 복잡한 관계가 형성된 신라의 귀족집단과 가야계 귀족의 중심에 유신이 서게 되었다는 점이다.


## 4. 원광의 조언

진평왕이 원광법사를 불렀다.

중요한 일을 논의하기 위함이어서 가마를 보냈다.

마주 앉아도 왕이 아무런 말이 없자, 성질 급한 원광이 왕의 물음을 듣기 전에 먼저 아뢰었다.

"나라의 존망은 외침보다 내분에 달려있음은 동서고금의 역사를 보면 자명한 일이옵나이다. 미리미리 내정을 단단히 하시옵소서."

"짐에게 후사가 없다보니 왕좌를 노리는 척간의 움직임이 심상치 아니하오. 어찌하면 좋겠소?"

이 점은 정말 풀지 못할 문제였다.

이미 후사를 정하기가 늦었는지 모른다.

누가 몰라서 얼쩡거리고 있은 것은 아니었다.

누구를 후계자로 지목할 것인가가 문제였던 것이었다.

성골에 왕위계승권을 가진 남자가 없었다.

그렇다면 진골에서라도 정해야 할 것인데 진골에서는 여럿 되어 서로 힘으로 차지해 볼 요량으로 군사를 키우기도 하고 있는 것이었다.

출렁거리는 그릇의 물을 쏟아지게 놔둘 수는 없는 일이었다.

"덕만공주님을 삼으소서!"

원광이 거두절미하고 내뱉는 말이 예사롭지 않았다.

낮으면서 강한 기운을 품고 있었다.

그러고 보면 그도 하루 이틀 고심한 끝이 아니었던 것이다.

왕도 적이 놀라는 표정이었다.

"덕만이라?"

"그리하시옵소서."

덕만을 후계로 삼는다면 여왕을 세우라는 것이었다.

"그래도 그렇지 여왕이라, 가한 일이오?"

아니 생각했던 것도 아니었다.

그러나 왕권을 받쳐줄 세력이 없으면 곧 내려앉아 버리는 것이 왕좌라 가하지 아니하리라 여기고 있었다.

"용춘과 서현을 묶으면 되옵나이다."

"용춘과 서현? 그들은 군사를 거느리고 변방에 있지 않소."

"바로 그러하옵나이다. 군권만 잡으면 여왕도 가하옵나이다."

원광이 답하였다.

원광의 조언이 큰 몫을 차지했다.

수나라로 하여금 고구려를 공략하게 한 것도 원광의 걸사표의 영향이 컸다.

수 양제가 신라의 말만 듣고 고구려를 공략한 것은 아니었다.

수나라가 중원을 통일하였지만 수구세력들이 피난 가 있는 고구려를 방치했다간 잠자고 있는 세력들이 들불처럼 일어날 것이라는 예견 때문이었다.

아니 그래도 잔당들이 아직 남아있어 안심할 처치가 되지 못했던 것이었다.

그들은 고구려에 피신하고 있는 구황족들과 긴밀히 연락을 취하면서 재기를 도모하고 있었다.

왕은 비형랑이 관장하고 있는 세작들로 하여금 주변국의 사정을 빈틈없이 살펴보고 있었다.

"그럼 비형랑을 보내 용춘공과 서현공의 의중을 살피라 하겠소이다."

원광이 말하였다.

"공주님도 함께 가시어 충성서약을 받게 하시옵소서."

"그렇게 해도 되겠소."

"그리고 한 세대를 건너 다음 세대를 보시옵소서."

"다음 세대라, 짐이 미처 그리 보지는 못하였소."

"황공하옵나이다."

## 5. 충성서약

유신은 나이가 차자, 정규군으로서 전선에 배속되었다.

그러자 아비 서현이 이끄는 대당의 소장이 되어 여러 전투에 투입되었다.

당시 고구려는 수나라의 침공으로 신라를 공략할 여력이 없었지만, 백제의 기승은 만만하지 않았다.

그럴 때마다 유신은 크고 작은 공을 세웠다.

어느 날, 황량한 전장에 손님이 찾아왔다.

덕만공주와 비형랑과 춘추였다. 일행을 맞은 용춘공과 서현공은 놀라지 않을 수 없었다.

"위험한 전장 터에 어쩐 일이옵나이까?"

늘 그렇듯이 공주는 남장을 하고 칼을 차고 있어 다른 이들은 알아보지 못했다.

"전장을 돌아보고. 여러분들의 노고도 위로할 겸 왔소이다."

용춘공, 서현공, 김유신, 비형랑, 김춘추가 둘러앉았다.

춘추는 아직 어린데 덕만공주의 꽁무니를 쫓아왔다.

용춘공은 덕만공주가 춘추를 데리고 온 것을 보고서 적이 놀랐다.

"야전 막사라 마땅히 마련한 것이 없습니다."

"그래도 따듯한 차가 어디요."

"어쩐 행차신지요?"

덕만공주의 일행이 전선을 찾은 것이 궁금한 서현이 조심스럽게 물으니, 옆에 있던 비형랑이 대신 답했다.

"어명이 있었소이다."

"옛!?"

용춘과 서현과 유신은 어명이라는 말에 놀랐다.

"중원도 주인이 바뀌는 형국이 되다보니 이러한 정세를 틈타 국내 불순세력들이 자라 날 우려가 있으니, 공주님을 중심으로 이를 대비하라 명하였소이다."

정국의 방향은 정해졌다.

오랜 통치기간동안 한 치의 틈도 보이지 아니한 왕이었다.

비형랑을 보내 충성을 다짐받으려는 뜻이 분명하였다.

"소장들은 신명을 다하겠습니다."

"그리고 나라의 앞날을 위해 춘추와 유신을 키우라 하시었소이다."

용춘과 아들 춘추, 서현과 그의 아들 유신, 대를 이어 왕실에 충성하라는 뜻이었다. 왕은 내정의 안정을 위하여 포석을 놓았다.

"후계 문제를 두고 아무래도 결집하는 불순세력이 있어 보이니 여차하면 군사를 출동시켜 척결하라고 하시었소이다."

비형랑은 반란세력을 척결하기 위해 연통만 하면 출동하여 제압할 준비를 당부했다.

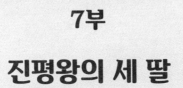

# 7부

# 진평왕의 세 딸

# 진평왕의 세 딸

## 1. 야전의 밤

천명공주, 덕만공주, 선화공주는 진평왕의 딸이다.

백제의 무왕이 된 서동과 선화공주의 이야기를 아는 이는 많지만, 덕만공주(후일의 선덕여왕)의 자매라는 것은 그러하지 아니하다.

천명공주는 춘추의 어미다.

덕만공주는 일찍이 천명공주의 낭군이 된 용춘을 사모했지만 이루지 못하고 빼앗기고 말았다.

신라의 풍속은 중혼도 가능했고, 비집고 들어가 정비가 되기도 했으며, 한 여인이 왕과 태자를 상대하기도 했다.

신라에는 왕권을 유지시키는 골품제와 육부의 화백회의와 무쇠의 생산과 분배권, 즉 재정권을 가진 갈문왕제도가 존속되어 왔다.

그러한 정치적 환경에서 사도태후가 '대원신통'이라는 계보를 만들어 국정을 주무르자 육부에서 반발이 일었다.

야전의 밤이 깊어지자 고요가 산천을 덮었다.

따로 마련된 공주의 숙소에 용춘공이 덕만공주와 마주하고 있었다.

사람의 마음은 참으로 갈피를 잡을 수 없었다.

건국 이래로 근친혼으로 이어 온 터라 근친에게 정분을 느끼는 것도 부끄러운 일은 아니었다.

덕만공주는 그윽한 눈길로 용춘공을 바라보며 말했다.

그도 그랬지만 덕만은 우선 아이를 갖고 싶었다.

그것도 연모하는 이의 아이였으면 했다.

"조카의 아비인 공에게 여인의 마음이 기우는 것은 어찌할 바를 모르겠소."

용춘공으로서는 참으로 난감한 일이었다.

절대 권력의 계승자가 원한다면 거절할 수도 없는 일이었다.

자신은 사륜왕의 후손으로 일신의 영화를 위해 공주를 택했다가 아이라도 생산하게 되면, 아들 춘추의 장래는 절벽 아래로 떨어질 것이 분명한 일이었다.

"보잘 것 없는 소신을 그리 보아주셨다니 감읍할 따름입니다. 그러나 공주님은 만백성의 주인이 되실 분입니다. 대신 소장이 뒤에서 목숨을 바쳐 지켜드리겠사옵니다. 춘추도 유신도 그러할 것이옵니다."

덕만공주는 이 기회를 놓치기 싫어 매달렸다.

"한시도 공을 잊은 적이 없소이다. 더구나 왕권을 이어 받으면 공이 곁에 있어주어야 하오."

"아니 되옵니다."

"얽히고설킨 근친 혼맥으로 보면 아니 될 것도 없지 않소?"

"용서하시옵소서."

용춘은 공주의 마음이 상하지 않게 예를 갖추고 그곳을 벗어났다.

정말 아무도 본 이도 없고, 들은 이도 없었다.

그러나 바람을 타고 구름에 실려 소문이 났다.

용춘공의 곧음을 칭송하는 이들도 있었지만, 안타깝게 여기는 이들도 있었다.

## 2. 아! 을지문덕

진평왕이 서기579년 8월에 즉위하고 수나라는 581년에 건국되었다.

수나라 문제는 금국을 준비하면서 신라를 포용하고, 그 상징으로 진평왕에게 동맹국의 상징으로 '천사옥대'를 선사하였다.

수나라는 건국 때부터 신라와 돈독한 사이였다.

주변 국가들이 얼쩡거리는 사이, 신라는 수나라와의 외교관계를 돈독히 했다.

그러던 차에 고구려 공략의 필연성을 조목조목 나열한 신라의 걸사표를 받아 본 수나라 양제는 고구려 공략을 최우선시 하지 않으면 아니 되리라 판단하였던 것이었다.

힘을 자랑하던 수나라 군이 고구려 군에게 창피를 당하자 양제가 직접 종군하기에 이른 것이었다.

그도 참으로 엄청난 병력을 동원하였지만, 패하고 말았다.

수나라가 고구려를 공략하고 있다는 소식 중에서, 무엇보다 놀라운 것은 고구려가 수나라의 대군을 맞아 혁혁한 전공을 거두고 있다는 것이었다.

유신이 17세 때, 단석산에서 삼한통합의 뜻을 세우고 있을 즈음인 서기612년에 수 양제는 113만 대군을 이끌고 수륙 양면으로 고구려를 침공하고 있었다.

그러나 고구려는 을지문덕 장군의 활약으로 살수에서 수나라 군사를 대파 했다는 것이었다.

수 양제는 613년에 재차 35만 군사를 이끌고 고구려를 침공 했으나 또 고구려에게 패했다.

이 또한 을지문덕 장군의 공이라는 것이었다.

수나라 대군이 실로 몇 십만이 어쩌고 심지어 백만 대군이 어쩌고 하는 것은 믿기 어려운 일들이었지만, 만약 북방이 안정되어 수나라를 물리친 고구려가 군사를 남으로 돌린다면 어찌할 재간이 없으리라 여겨졌다.

비형랑과 김유신과 김춘추 그리고 덕만공주가 둘러앉아 고구려의 전공담을 나누고 있었다.

"세작들의 보고에 의하면 을지문덕의 공이라 하옵니다."

"그래 어쩌면 그러한 용장이 고구려에 있었단 말이오."

"어찌 상상도 할 수 없는 일이옵나이다."

"단순한 장수에 불과한 것이 아니라 한시를 지어 수나라 진영을 흔들기도 하고, 위장전술이나 위무전술도 예상하지 못할 정도로 뛰어났다고 하옵니다.

뿐만 아니라 직접 적진으로 나아가는 용맹함도 보여 주었답니다. 왕과 귀족들은 내심 을지문덕이 연개소문의 세를 견제할 수 있는 유일한 대안이라 기대하고 있었다 하옵니다."

"상당한 논공행상이 따르고 대장군에도 오르겠군."

들고 있던 덕만공주가 부러운 듯 말했다.

"그런데 승전한 후, 을지문덕 장군의 행적이 사라졌사옵니다."

"무슨 말이오? 승전 장군이 어디론가 사라졌다니?"

그가 기수를 신라로 돌릴 것이 염려되어 어찌해야 할 바가 걱정되던 차였다.

"만약 그것이 사실이라면 신라로서는 다행스런 일이겠지만 그럴리야 있겠소?"

"아니옵나이다. 연개소문과 연결하여 보면 어느 정도 예상되어진 일이기도 하옵나이다."

"그건 무슨 말이오. 연개소문과 연결해 본다는 것은?"

비형랑이 나서서 설명했다.

"유신과 연배인 연개소문은 최고 관직인 대대로에 있는 아버지의 권력을 배경삼아 권력의 중심으로 파고들고 있었습니다.

성정이 포악하고 간악해서 부정부패를 척결한다면서 자신에게 동조하지 않는 귀족들을 처단하여 영지와 재물을 찬탈했다 하옵니다.

당장은 백성들의 호응을 받았지만, 너무 과격하여 왕족과 귀족들의 반감을 샀다고 하옵니다.

심지어 최고의 관직인 대대로는 귀족회의에서 선출되어야 하는데, 군권을 장악한 연개소문이 귀족들을 위협하여 아비의 관직을 이어받았다고 하옵니다."

"듣고 보니 을지문덕을 어찌하고도 남을 인물이군."

하여튼 을지문덕이 사라진 것은 분명한 것 같았다.

안된 이야기지만 신라로서는 다행스런 일이 아닐 수 없었다.

"왜국에 있는 세작들의 보고에 의하면 쇼토쿠 태자를 찾아 온 일단의 고구려 유민들이 있었다고 하옵니다."

"그게 을지문덕과 무슨 상관이라도 있다는 말이오?"

"살해되지 않았다면 어디론가 갔을 것인데, 갈 곳이라고는 왜국밖에 없사옵니다."

"그도 수긍이가는 말이오."

"이후의 보고에 의하면 고구려 유민들이 왜국 교토로 가서 채광탑을 짓는 일을 도우고 그곳에 머문다고 하옵니다."

"채광탑이라니?"

"오중탑이라고도 하온데, 가운데 텅 빈 탑이라 갱구를 보호하고 광물을 끌어올리는 장치가 되어있어 많은 철광을 채광할 수 있다고 하옵니다."

"고구려는 일찍이 그러한 기술이 발달되어 있기도 하지."

"고구려의 강한 군사력을 받쳐주는 무기로서 갑옷, 화살, 쌍가지창, 긴 창, 세모진 창, 작은 창 등이 있사옵니다.

졸본성 부근과 국내성을 중심으로 한 압록강 중류 일대가 중요한 철광업 지역이고, 제철로터자리로 대표적인 지역이 시중군과 중강군 일대인데 이 일대에는 자철광과 적철광 등의 철광석들이 매장되어 있사옵니다.

　이밖에 개천지방에서는 갈철광을, 은률과 재령지방에서는 자철광과 적철광으로 철광업을 발전시켜 국방력과 생산력을 촉진시키고 있는 실상이옵니다.”

“왜국이라? 을지문덕이 혹시 왜국으로 간 건 아닌지?”

“어떻게 되었는지 계속하여 알아보도록 하겠사옵나이다.”

“그래주구려.”

참으로 참담한 일이었다.

을지문덕!

비록 적장이지만 유신의 가슴에 미어지는 연민이 일었다.

어디 유신 만이었을까!

역사를 지은 한 사나이의 자취가 그렇게 사라지고 난 뒤, 그의 명성만 메아리가 되어 울려왔을 따름이었고, 그는 끝내 돌아오지 않았다.

## 3. 수나라의 멸망

　수나라 양제는 서기613년에 35만 군사를 이끌고 고구려를 재차 침공했으나 고구려가 잘 막아내는 가운데 수나라군 내부에서 반란이 일어나 퇴각했다.

수나라 양제는 이듬해인 614년 신하들의 반대에도 불구하고 다시 군사를 모아 고구려 정벌에 올랐으나, 고구려 영양왕이 화친을 제의하자 이를 받아들였다.

수나라는 여러 차례에 걸친 고구려 침공의 실패와 거듭된 토목공사로 백성들의 삶이 피폐해지면서 반란이 빈발했다.

서기618년, 마침내 반란군에게 수나라 양제가 살해당하면서 멸망했다.

고구려의 영양왕은 618년 수나라가 멸망하고 당나라가 중국에 세워지는 것을 보면서 죽었다.

후손이 없었던 영양양의 뒤를 이복동생인 영류왕이 계승했다.


## 4. 백제 서동의 출현

백제 서동은 어미가 용과 교합하여, 즉 위덕왕의 적장자였다.

그러나 귀족들의 힘에 밀려 왕경 남쪽 습지에서 마를 캐며 홀어미와 살아가고 있었다.

서동은 어미의 교육덕분으로 굳건히 품위를 지키며 지혜롭게 성장했다.

"어머니! 소자가 어떻게 하면 제자리를 찾을 수 있나이까?"

"금관가야 왕의 아들이 신라공주와 혼인하면서 두 나라가 합쳐졌단다."

"그러면 저도 신라공주와 혼인할 수 있다는 것이옵니까?"

"아니 될 일도 아니란다."

서동은 신라에 공주가 있는지 알아보기로 하였다.

가진 것은 마밖에 없으니 그것을 챙겨서 서라벌로 향했다.

왕경에 가까워지자 백성들의 복색이 달랐다.

좋은 옷을 입은 것도 그러하지만 깨끗한 차림들이었다.

아이들의 차림도 그러했고, 동무들끼리도 재미나게 놀고 있었다.

가지고 간 마를 주며 아이들에게 다가갔다.

"얘들아, 신라에 공주님이 몇이나 되니?"

"몰라요."

"하나에요."

"둘이요."

"아니야, 셋이래."

그리고 보니 공주가 있기는 있는 모양이었다.

셋이라면 막내가 제일 예쁠 것이라 짚었다.

주막에 들러 국밥을 시켜 먹으며 주모에게 물었다.

"아주머니, 셋째 공주님의 이름이 무어라 하오?"

"아니, 선화공주님도 모르나?"

"선화공주라!"

얼마 지나 아이들이 이상한 가사의 노래를 부르면서 놀았다.

'선화공주는 몰래 신방을 차려놓고 서동에게 안기려 밤마다 나온 지가 오래되었다네. 얼렐레~ 얼렐레~ '

서동이 마를 주면서 가르친 노래가 아이들 사이에 퍼져나갔다.

비형랑의 수하들이 이 노래를 듣고 바로 연통을 넣었다.

## 5. 백제의 왕자

비형랑의 보고를 받은 진평왕은 노래를 퍼트린 놈을 잡아들이라 명했다.

잡혀온 놈은 의외로 멀쑥했다.

"네 이놈 무슨 의도로 불순한 노래를 지어 퍼트렸느냐?"

"나는 백제의 왕자요. 임금님을 만나게 해주시오."

"네가 백제의 왕자라는 징표가 어디에 있느냐?"

"임금님께 '용'의 아들이라고 아뢰면 아실 것이오."

보고를 받은 왕은 불러라 일렀다.

"백제의 사자(師子) 장, 임금님을 알현하는 영광을 가졌습니다."

내뱉는 어투가 평민은 아니었다.

"그래, 누구의 적손인가?"

"위덕왕의 적손이옵나이다."

"네가 그러한 신분인 것을 백제 신료와 백성들도 알고 있느냐?"

"모두가 알고 있사오나 자신들의 이익을 쫓아 저를 쳐다보지도 아니하옵나이다."

"짐을 보자고 한 연유는 무엇인고?"

"선화공주와 맺게 해주시옵소서."

"그러면 무엇을 주겠느냐?"

"백제를 드리겠나이다."

진평왕은 선대 진흥왕대에 금관가야를 복속시킬 때에 구형왕의 아들 김무력과 아양 공주와의 혼인을 상기하지 않을 수 없었다.

만약 서동의 말 대로, 왕좌에 오른 뒤 신라에 복속을 희망해 온다면 삼한통합의 대업의 첫 걸음을 백성들의 희생 없이 이룰 수 있을 것이라는 생각이 들었다.

이는 복잡한 계산을 해서는 아니 될 일이었다.

진평왕은 그나마 서동의 늠름한 자태가 그리 싫지 않았다.

## 6. 한 말의 사금

내전에서 은밀히 선화공주의 신행을 준비했다.

생모인 승만부인은 모아둔 사금 한 말을 주면서 딸에게 말했다.

"이만하면 평생 먹을 수 있는 재물이니 살아가는 것은 걱정 없을 것이다. 중히 간직하도록 하여라."

공주의 목적지는 정해져 있었다.

백제로 넘어가는 국경까지 호위군이 따라갔다. 국경을 넘자 기다리고 있던 서동이 가마를 맞이하였다.

서동은 선화공주가 뭔가가 들어있는 보따리를 꼭 안고 있는 것을 보고 물었다.

"공주님, 안고 있는 것이 무엇인지요?"

"어마마마께서 평생 먹을 것이라면서 주신 것이옵니다."

서동은 한 보따리 밖에 되지 아니하는 것으로 평생 먹을 수 있는 것이라 하기에 믿기지 않아 무엇인지 보고 싶었다.

"무엇인지 보여줄 수 있소이까?"

서동은 보따리를 풀어보다가 박장대소를 하였다.

"하하하! 이것을 어떻게 먹는단 말이오. 이는 마가 나는 연못 아래에 깔린 빛나는 모래요."

"어마마마가 사금이라 하시었소이다. 꼭 중히 간직하라 일렀 소이다."

"사금이라? 이것이 말로 듣던 금이라는 것이란 말이오?"

서동도 말은 들었지만 이것이 그러한 것이라는 것은 처음 아는 일이었다.

마가 자라는 늪에 깔린 반짝이는 모래가 귀한 사금이라는 것을 몰랐었다.

그것이 사금이라는 것을 알고 파보니 온통 빛나는 모래였다.

파도, 파도 사금이 나왔다.

# 8부

# 백제 무왕

# 백제 무왕

## 1. 서동의 등극

서동은 사금을 녹여 황금을 마련하여 이를 밑천으로 군사를 모으고, 신라왕에게도 많은 금을 보냈다.

귀족들이 들러리로 세운 백제왕이 한해를 넘기지 못하여 죽고, 다시 세운 왕도 병석에 누웠다는 소문이 나자, 정세를 알아차린 자들이 서동에게 줄을 섰다.

젊은 적장자 서동을 등극시키려는 움직임이 있었다.

허나 걸림돌은 좌평 사택적덕의 세력이 쉬이 동조하지 않는 것이었다.

두 가지 선택의 길이 있었다.

하나는 군사를 몰아 제거하는 것이고, 하나는 서로 결합할 수 있는 조건에 동조하는 것이었다.

서동에게는 아직 움직일 군사가 없었다.

어쩔 수 없이 사택적덕의 여식을 왕비로 맞이하는 것이었다.

"공주에게 어떻게 설명해야 할지 난감하오."

"신라에도 중혼이라 하여 왕은 여럿 왕비를 둘 수 있사옵니다."

"정말 진의는 아니오."

"염려 마옵소서."

어려운 문제가 공주의 현명한 처사로 쉽게 풀렸다.

서동이 사택적덕의 여식을 왕비로 맞이하겠다는 약조를 하자, 그들이 나서서 서동을 밀었다.

착좌식에는 선화공주만 앉기로 합의를 보았다.

그리하여 무왕의 시대가 시작되었다.


## 2. '미륵삼존이 연못가운데 나타나'

공주는 무왕이 어린 시절을 보낸 집을 절로 삼아 사자사(師子寺)라 하길 간언했다.

그리고 왕과 비는 함께 자주 사자사를 찾았는데, 그곳은 용화산 아래에 있는 큰 연못가를 지나는 곳이었다.

한 날, 사자사를 다녀오던 길에 연못가에 사람들이 모여 있어 이를 이상히 여긴 왕이 무슨 일이냐고 물었다.

궁인이 아뢰기를 사철광맥이 세 곳이나 발견되었다는 것이었다.

이를 용맥이라고도 하고, 미륵이라고도 했다.

"경사스런 일인지고."

"그러하오나 안타깝게 광맥이 모두 연못 아래로 뻗어갔다고 하옵나이다."

무슨 말인고 하면 사철이 발현하였지만, 그 맥이 연못 아래로 뻗어 채광할 방도가 없다는 것이었다.

"그래서 어찌하고 있다는 말인가?"

"모두 어찌할 바를 모르고 있다하옵나이다."

"그것 참 안타까운 일인지고."

사철광이 발현된 것은 참으로 경사스런 일이었다.

그런데 광맥이 연못가운데로 뻗어 채광할 방도가 없다는 것이었다.

갱도를 파 보았자 연못의 물이 스며들어 모두 뭉개져버릴 것이기 때문이었다.

설왕설래하며 웅성거리는 것을 가마 안에서 듣고만 있던 왕비인 선화공주가 왕에게 물었다.

"연못의 용이 사금이 아니고 사철이라 하옵니까?"

"그러하다오."

"캘 수만 있다면 나라에 큰 도움이 되겠나이다."

"아니 그래도 무쇠가 모자라 어려움을 겪고 있던 참이오. 그러나 맥이 나타났지만 연못 가운데라 캐 올릴 방도가 없으니 어찌하리오."

"그리 어려운 일도 아닌가 보옵니다."

"허허 어디 좋은 방도라도 있다는 말이오."

"그러하옵니다."

"궁금하오. 어서… ."

연못 속의 용을 캐 올릴 방도를 왕비가 알고 있다니 왕은 내심 기대하지 않았지만, 무슨 방도인지 들어보기나 할 요량으로 재촉했다.

"가람을 지으면 되리라 보옵니다."

"가람? 그리하려면 연못을 메워야 할 것이 아니라오."

"그리하면 용을 캐 올리는 것이 쉬워질 것입니다."

그랬다.

만약 연못이 아니고 뭍이라면 그저 갱도를 파 내려가면 될 일이었다.

무왕은 정신이 번쩍 들었다.

"아니? 비가 채광 일을 어찌 그리 잘 아시오!"

"소호금천씨의 후손이라 그러하옵나이다."

'소호금천씨'라면 고대 전설에 나오는 황제의 맏아들이며, 쇠의 제왕이다.

신라의 왕도 가야의 왕족도 제왕의 후손이라 지칭했다.

선화공주가 탑을 세워 갱구를 파 내려가면 사철을 채광 할 수 있다고 했다.

어찌 그러한 생각을 할 수 있었는지 신기하기도 했다.

그리하려면 큰 산을 허물어야할 일 이었다.

백제 무왕이 지명법사에게 그 뜻을 내리니, 지명법사가 선뜻 알아듣고 실행을 하여 그야말로 하루 저녁에 못을 메웠다.

그리고 나서 갱구를 파고 내려 가보니 사철이 엄청나게 매장 되어 있었다.

그리하여 채광을 위한 설비인 전, 탑, 야금로가 들어가는 낭무도 세웠다.

이중에서도 탑은 그야말로 갱구를 보호하는 중요 설비였다.

"목탑으로 하는 것이 어떠하오?"

왕이 쉬이 말하자 선화공주가 달리 아뢰었다.

"갱구를 공고히 보호할 수 있어야 하옵니다."

"그러려면 어찌해야 하오."

"석탑으로 하여야 하옵니다."

"석탑이라? 그것이 가하오?"

"돌을 벽돌 모양으로 쪼아 탑을 쌓으면 될 것이옵니다."

"참으로 놀라운 지혜이오!"

무왕이 지명법사에게 명을 내리자, 그도 놀라하였다.

진평왕도 소문을 듣고 일을 도우기 위해 공장 백여 명을 보내 주었다.

현판을 '미륵사'라 하여 달았지만 사실은 야철장이었다.

캐낸 질 좋은 사철을 용광로에 넣어 무쇠를 만들었다.

솥이나 생활용품은 무쇠로 만들어 쓰면 되었지만 병기인 칼이나 창촉, 화살촉은 무쇠를 단조한 강쇠로 만들어야 했다.

엄청난 양의 무쇠를 사람이 일일이 두드려 만든다는 것은 한계가 있었다.

"신라에서는 그 많은 무쇠를 강쇠로 만들 때에 일일이 사람이 두드려 만드오?"

왕이 물으니 비가 웃으며 말했다.

"많은 병기를 만들려면 그러하지 아니하옵니다."

"그럼 어떻게 하오."

"당간을 세워 도르래를 달고, 추를 매달아 올렸다 내렸다 하며 단조하면 많은 양의 강쇠를 만들 수 있나이다."

무왕은 내심 놀라지 않을 수 없었다.

신라 진흥왕대에 무기가 그렇게 만들어져 백제와 고구려를 농락하였음이었다.

엄청난 강쇠가 만들어지자 왜국과 중원에서 무기를 사러왔다.

단조한 얇은 철판을 덥힌 갑옷인 명광개도 그러했다.

왕권이 강화되자 사택적덕을 중심으로 한 귀족들이 뭉쳐 왕권을 견제하면서 왕이 신라와 교통하는 것을 문제 삼았다.

왕은 하는 수 없이 선화공주를 유폐시키지 않으면 아니 되었다.

이로 인하여 신라와의 관계가 소원해 지다 못해 다시 분쟁이 생기기 시작했다.

밀고 밀리는 분쟁이 지루하게 이어졌다.

## 3. 진평왕의 패착

신라 진평왕은 선화공주가 어디론가 유배되었다는 소식을 접하고는 분이 나 참을 수 없었다.

진평왕이 용춘과 서현을 들라했다.

"짐이 속았다. 백제를 바치겠다고 하기에 선화를 주었는데 이럴 수가 있는가!"

"황공하옵나이다."

"경들이 무슨 죄가 있소. 짐의 잘못이지."

"만부당하옵나이다."

"앙갚음을 경들이 해주오!"

"명을 받들겠사옵나이다."

"그 유신더러 나서보라 이르시오."

"아직은 … ."

"아니오. 유신을 내세우오."

"그러하겠사옵나이다."

"듣자니 아우도 용맹하다고들 하니 함께하라 이르오."

진평왕은 용춘과 서현이 군권을 가지고 있기는 하지만 유신이 나서야 백제를 상대하리라 보아졌다.

"그리고 짐이 백제를 돕는다고 불만을 가진 자들이 있다고 하니, 비형랑에게 들어보고 척결하도록 하오."

이미 불만 세력들의 움직임을 파악하고 있었다.

"바로 척결하겠사옵나이다."

"그리고 이제 중원에서도 당나라의 시대가 되었으니 외교에도 소홀함이 없어야 함이오."

"소장들은 그저 전장을 맡아 있을 따름이옵나이다."

"비담이 외교를 맡고 있지만 성정이 올바르지 못하여 믿을 만하지 아니하오. 춘추를 붙여 외교를 배우게도 하고 비담의 행적도 감시하게 하오."

"아직 어리옵나이다."

"춘추는 영명하여 잘 하리라 보오."

"분부 받잡겠나이다."


## 4. 선화공주의 유배


진평왕은 서동을 믿었었다.

그러나 서동은 왕좌를 차지하려면 백제의 기득권을 가진 토호귀족들의 힘을 빌려야 했다.

백제귀족들은 무왕의 시대가 시작되어도 왕이 신라 진평왕의 사위라는 점을 걸고 넘어졌다.

은근히 전왕들의 짧은 재위기간을 가끔 들썩였다.

백제에서는 미륵사의 중건과 함께 새로운 시대가 열렸다.

엄청난 철광이 미륵사 지하에서 채광되자 백제의 국력은 하늘 높은 줄 모르고 치솟았다.

신라에게 아쉬운 소리를 할 필요도 없었다.

백제 무왕은 귀족들을 달래기 위해 신라를 공략했다.

그리하여 평화가 깨어지고 양국의 사이는 다시 경색되었다.

무왕으로서는 선화공주를 궐에 머물게 할 수 없었다.

"공주, 어찌 하리오?"

무왕이 선화공주에게 물었다.

"어쩔 수 없는 일이옵나이다."

"그래도 비가 백제를 살려놓았는데… ."

무왕도 안타까웠다.

"원하시는 곳이 있소이까?"

"왜국으로 갈까 하옵나이다."

무왕은 왜국이라는 말에 깜짝 놀랐다.

"왜국이라니요?"

"그래야 될 것 같사옵나이다."

선화공주가 왜국으로 가는 날, 바람이 순하게 불었다.

'아들이 백제왕이 되면 돌아오리라.'

초롱초롱한 아들의 눈망울이 잊히지 않을 것 같았다.

어미의 소망과는 달리 먼 훗날 아들 의자는 비운의 왕이 된다.

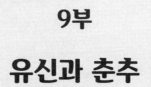

# 9부

# 유신과 춘추

# 유신과 춘추

## 1. 까마귀 제삿날

정월 열여섯 날은 오기일(烏忌日)이다.

즉 까마귀 제삿날이라는 것이다. 일상을 멈추고 찰밥을 지어 야철장에서 희생된 까마귀들을 추모하며 경건하게 지낸다.

그러한 풍습이 시작되기는 신라 제21대 비처왕(미상-서기500) 때부터였다.

철광산이나 야철장에서는 사고가 빈번하여 많은 사람이 죽어 나갔다.

'제철장인'을 까마귀들이라 하여 그러한 사고가 나면 '까마귀들이 죽었다'라고 하였다.

그들의 노고와 희생으로 나라가 살아가는데, 아무도 그들의 희생을 위로해 주지 않았다.

더구나 궁에 있는 비빈들은 정부들과 놀아나고 있었다.

그러한 것을 알게 된 까마귀들이 집단반발을 일으켰다.

비처왕이 이를 수습하러 친히 나섰다.

'수습할 방도를 알고 있다'는 노인이 있다기에 수행한 기사에게 알아보라 일렀다.

기사는 까마귀들을 따라가면 노인을 만날 수 있다는 말을 듣고는 그리하였다.

기사가 까마귀들을 쫓아가다, 놀음판에서 싸움꾼들이 결투를 하고 있는 것을 보았다.

광산촌 사람들이 일은 하지 않고 놀음판에 휩싸이고 있었던 것이었다.

기사도 이에 한눈을 팔다 앞서가던 까마귀들을 놓쳐버리고 말았다.

이리저리 헤매다가 광산촌 폐광에서 수습할 방도를 알고 있다는 노인을 만났다.

노인은 기사에게 봉투를 주며 왕께 전하라 하였다.

노인이 준 봉투 겉봉에 이렇게 쓰여 있었다.

'열어보면 둘이 죽고, 보지 않으면 하나가 죽는다.'

기사가 가져온 봉투를 받아든 왕이 망설이다 열어보니 '금갑 (琴匣)을 쏴라'고 적혀 있었다.

집단항쟁을 수습하는 방도가 궁에 있는 비빈의 악기를 담아 두는 벽장을 쏴라니 이해가지 않았다.

궁으로 돌아와 '금갑'을 쏘니 그 안에 있던 비빈의 정부가 화살에 맞아죽었다.

왕이 비빈도 죽였다.

누구는 광산과 야철장에서 죽기를 다하여 고생하는데, 궁에 있는 비빈은 놀아나기 바빴던 것이다.

왕이 비빈과 정부를 죽였다는 전갈이 광산촌에 닿자, 소요가 진정되었다.

왕은 이러한 사건을 겪으면서 이제까지 까마귀들의 희생을 소홀히 하였음을 알고는 부끄러웠다.

그리하여 정월 열여섯 날을 까마귀 제삿날로 정해 온 백성이 추모하도록 하였다.


## 2. 춘추와 문희

춘추는 유신보다 아홉 살이나 어리다.

새해가 되어 유신의 나이가 스물다섯이 되었으니, 춘추도 열여섯이었다.

춘추는 그래도 풍채가 있어 스물도 넘어 보였다.

"형님, 오기일이라 할 일도 없고 해서 들렀습니다."

"어서 오시게나."

춘추가 대청에 앉자, 유신도 같이했다.

"형님, 일전에 덕만공주가 '저와 형님이 장차 나라를 이끌어 가야 한다'는 말을 했는데, 무슨 뜻인지 모르겠습니다."

"차차 아시게 될 것일세. 오늘은 그저 축국이나 하세나."

"무술은 따라잡을 재주가 없지만, 제기차기는 저도 한가락 하옵니다."

"그래 한번 겨루어 보세나."

유신이 일부러 져주는 척 하니, 춘추가 신이 나서 날뛰다 옷고름이 떨어져 버렸다.

유신에게는 여동생 둘과 남동생 하나가 있었다.

큰 여동생인 보희는 춘추보다 손위였고, 문희는 비슷한 또래였다.

그래서 춘추와 유신의 동생들은 친형제처럼 어울려 자랐다.

그러나 나이가 차자 전과 같이 않았다.

유신의 남동생은 흠순이다.

맏누이는 보희로 어릴 때의 이름은 아해이고, 동생은 문희로 어릴 때의 이름은 아지이다.

얼마 전에 언니인 보희는 자신이 눈 오줌으로 왕경에 홍수가 나는 꿈을 꾸었다.

이를 들은 동생 문희가 비단치마를 주고 언니의 꿈을 샀다.

"안에 아해 있는가?"

유신이 큰 누이를 부르니 동생인 아지가 나오며 말했다.

"무슨 일이신지요. 언니는 지금 몸이 불편하여 쉬고 있사옵니다."

"어허, 그러면 네가 춘추공의 옷고름을 좀 꿰매 주어야겠다."

"제가 바느질 솜씨가 없어서… ."

"그래도 어찌하겠니. 나는 급히 나가보아야 하니 부탁한다."

"올라 오시와요."

문희는 어쩔 수 없이 춘추를 자기 방으로 들였다.


## 3. 문희의 임신

일이 커지고 말았다.

이날 이후로 춘추와 문희는 틈만 있으면 만났다.

그래서 아이를 가졌다.

이를 안 오라버니 유신은 덕만공주를 찾았다.

"공주님, 일이 생겼나이다."

덕만공주는 유신이 왜 찾아왔는지 미리 알고 있었다.

"춘추의 어미이고, 나의 언니인 천명공주는 고지식하기로 소문나 있다. 잘 대처하지 아니하면 일이 낭패를 볼 수도 있음이다."

"소인은 어찌해야 할지 모르겠사옵나이다."

"내, 사흘 뒤에 남산에 오를 일이 있다. 그때 춘추를 데리고 갈 터이니 집 마당에 불을 지펴 연기를 올려라."

"분부대로 하겠사옵나이다."

덕만공주는 이미 연로한 진평왕을 대신하고 있었다.


## 4. 덕만공주의 계책

사흘 뒤, 공주가 수행인을 데리고 남산에 올랐다.

사람들이 술렁거리기에 공주가 돌아보니, 왕경 택가가 있는 곳에서 연기가 솟아오르고 있었다.

"저곳이 누구 택인가?"

수행인들끼리 수군거리더니 한 자가 나서서 아뢰었다.

"유신공의 거택이라 하옵나이다."

"아니, 왕경에 연기가 오르다니 무슨 일인지 알아보라!"

수행원들은 이미 소문을 들어 어쩐 일인지 알고 있는 터라, 들은 대로 여차저차 아뢰었다.

"유신공의 누이가 아이를 가져, 노한 유신공이 누이를 … ."

이를 들은 공주가 놀라 물었다.

"무어라! 도대체 누구의 소행이란 말인고?"

수행원들 사이에 끼여 있던 춘추가 사색이 되어 어쩔 줄 몰라 하자 공주가 짚었다.

"춘추의 안색이 갑자기 왜 그러느냐?"

"소자, 소자의 소행이옵나이다."

큰 덩치에 어울리지 않게 쩔쩔매었다.

"유신의 성정으로 보아 문희를 태워 죽이고 남을 터이니, 급히 가서 구하라!"

진평왕이 이 일을 듣고는 덕만공주의 계책인줄 바로 알았다.

춘추의 아비 용춘과 문희의 아비 서현이 반목하면 나라가 갈라질 지경이었다.

뿐만 아니라 춘추의 어미 천명공주와 문희의 어미 만명부인이 반목하면 나라가 박살날 일이었다.

왕은 빨리 이 일을 매듭지어야 마음이 놓일 것 같았다.

'오히려 잘 되었다. 아마도 이 일도 하늘이 도우신 게다.'

왕이 용춘과 서현을 입궐하라 일렀다.

"하하하! 이거 축하하오!"

왕이 정전이 떠나가도록 웃으며 맞았다.

"황공, 황공무지로소이다."

"여봐라! 내전에 일러 주안상을 마련하도록 하라! 천천히, 천천히 오늘은 짐이 축하주를 낼 터이니 덕담이나 나누고 가도록 하오."

그날, 왕도 용춘도 서현도 취했다.

궐 밖에서는 유신과 춘추도 취했었다.

# 10부

# 통합의 비법

# 통합의 비법

## 1. 새로운 병장기

서기629년. 고구려는 수나라의 멸망과 당나라의 건국으로 북방 국경이 소원해진 여력을 신라에 빼앗긴 영토를 찾기 위해 남으로 배치하였다.

고구려의 기습에 낭비성을 내어주고 밀려났다는 급보를 받은 신라 진평왕은 이찬 임말리에게 나아가 빼앗긴 성을 찾도록 명했으나 패하고 말았다.

곧이어 파진찬 용춘·백룡을 출병 시켰으나 많은 전사가 났다는 소식만 들려왔다. 소판 대인을 보냈으나 마찬가지여서, 서현을 시켜 공격하게 할 방도 밖에 없었다.

"성을 되찾지 못하고 남하를 허용한다면 한강을 넘어 와 어디까지 밀고 올지 모르는 일이다. 서현을 들라하라. 유신도 함께 하라 일러라!"

서현과 유신이 들자, 왕이 물었다.

"그래, 패전의 소식은 들어서 알겠지. 그저 군사를 몰아 나아가기만 하면 될 일이 아니라 여겨진다. 나아가기 전에 어찌해야 할지 말해 보라."

"황공하옵나이다."

"지금 격식을 따질 때가 아니다. 나라의 존망이 달린 문제이다."

서현이 바로 아뢰지 못하고 망설이자, 왕이 유신을 보며 말했다.

"유신이 말해보라!"

왕이 재촉하자, 유신이 입을 떼었다.

"우선 새로운 병장기를 만들어야 하옵니다. 고구려 군사들이 가진 쌍가지 창은 신라의 창과 칼을 무력하게 만들고 있어 많은 사상자를 나게 하고 있사옵나이다."

"그렇다고 짐도 들은 바가 있다."

"우리는 삼가지 창을 만들어 대적해야 하옵나이다. 그리고 강쇠를 만드는 과정에 단석을 혼합하면 그 강도가 고구려의 병기를 능가할 것이옵나이다."

"단석이라니?"

"마노라고도 하는 광물이옵나이다. 소장이 중악에서 만난 난승이라는 선인이 단석산에서 가르쳐 준 강쇠를 만드는 비법이옵나이다."

"무어라?"

"소장도 아직 이해되지 아니하오나 이것이 곧 삼한통합의 비법 중의 하나라 일렀습니다."

"…!"

"소장이 십칠 세에 들은 바라 그러하옵나이다."

"그래서."

"불현 듯 그때 준 가르침이 생각났사옵나이다."

"단석이 삼한통합의 비법 중의 하나라?"

왕이 눈을 감고 잠시 생각에 잠겼다.

그러다 왕이 벌떡 일어나면서 손을 휘저었다.

"왜 일찍 단석을 섞어 강쇠를 만들라하지 않았느냐?"

"아뢸 기회가 없었사옵고, 이는 중요한 기밀사항이라 함부로 주청할 수도 없었사옵나이다.

이제 그러하지 아니하면 고구려의 병장기는 물론이고 백제의 병장기도 이길 길이 없사옵나이다."

"비형랑 들어라!"

비형랑이 나서서 왕명을 받았다.

"지금 당장 단석을 혼합하여 강쇠를 만들고, 병기창의 모든 인력을 총동원하여 삼지창을 만들라. 우선 만드는 대로 서현의 당군에 공급하도록 하라! 지금 당장 명하라!"

"분부 받자옵고 바로 시행하겠사옵나이다."

비형랑이 명을 수행하러 나가자 왕이 유신에게 물었다.

"그러면 되었느냐?"

"소장은 급히 나아가 전선을 안정시키면서 삼지창이 올 때까지 더 도발하지 않도록 할까하옵나이다."

"가라! 유신의 관급이 무엇이냐?"

"중당 당주이옵나이다."

"관급을 올려 주려므나?"

"만부당 하옵나이다."

"사력을 다하여 기필코 낭비성을 되찾아라! 그곳에서 고구려군을 물리쳐야 한다!"

왕은 강쇠를 만드는 비법이 예사로운 것이 아니라는 것을 알았다.

## 2. 옷깃과 벼리

유신의 아비인 총관 서현도 고구려군을 이길 재간이 없었다. 군사들의 사기도 땅에 떨어졌다.

그러던 중 삼지창을 실은 마차가 왔다.

유신은 우선 떨어진 사기를 살려야겠다고 마음먹고 총관인 아비에게 투구를 벗고 나아가 아뢰었다.

"우리 편이 패하고만 있습니다. 저는 평생 충효를 다하기로 결심하였으니 전쟁에 임하여 용감히 싸우지 않을 수 없습니다. '옷깃을 당겨 올리면 갖옷이 바르게 되고, 벼리를 당기면 그물이 펴진다' 했습니다. 제가 마땅히 벼리와 옷깃이 되겠습니다!"

유신은 군사들에게 삼지창을 나누어 주고, 자신도 하나를 들었다.

그리고 훌쩍 말에 오르더니 느닷없이 참호를 넘어 말을 달려 적진 앞으로 다가갔다가 돌아왔다.

이를 몇 차례 하니, 적들과 아군이 모두 나서서 보았다.

그러더니 적진 앞에 말을 멈추고는 외쳤다.

"나 김유신이다. 적장은 겁쟁이가 아니면 나와라!"

적진 가까이 가서 지르는 고함소리가 양 진영에 울렸다.

몇 차례 오고가면서 약을 올렸으니 적장이 나오지 않을 수 없었다.

"네 이놈 김유신! 도망가지 말고 기다려라!"

적장이 고함을 쳤다.

유신과 적장의 교합이 일자, 양진영의 군사들이 웅성거리기 시작했다.

"얏!"

불과 몇 합이 있고는 유신의 기합소리와 동시에 적장의 창이 유신의 삼가지창에 걸렸다.

찰나에 유신이 보검을 뽑아 적장의 목을 날려버렸다.

이를 지켜본 신라 군사들이 함성을 지르며 총공세를 폈다.

전과 달리 고구려의 쌍가지 창은 신라군의 삼가지 창에 걸려 맥을 추지 못했다.

대승을 거두었다.

사살된 적의 수가 5천이나 되었고 생포도 일천이나 되었다.

이를 지켜보던 성안의 고구려군은 미처 저항할 엄두도 내지 못하고 항복했다.

유신은 성을 완전히 제압하고는 총관인 아비에게 포로가 된 고구려군의 처분에 대해 청하였다.

"저들을 이곳에 정착하게 하면 큰 방비가 되리라 보옵니다."

유신의 청을 들은 아비 서현은 깜짝 놀랐다.

이런 지략을 내세우는 아들이 미더웠다.

한편으로는 이제 물러날 시기가 되었다고 생각하니 서글프기도 했다.

"이는 윤허를 받아야 할 일이다."

파발을 띄어 승전을 고하고 유신의 뜻도 주청하였다.


## 3. 기막힌 포석


진평왕이 용상의 귀두를 치며 기뻐하였다.

"유신이 대승을 거두었다고, 짐이 그리 짐작하지 않았느냐!"

"포로들을 풀어주어 그곳에 정착케 함을 주청하고 있사옵나
이다."

"가만 뭐라고 하였느냐?"

"포로들을 그곳에 정착케 함을… ."

"누구의 청인가?"

"유신이 그리 주청하였다 하옵나이다."

왕은 잠시 진정하고 긴 숨을 내 쉬었다.

"유신이… ?"

"그렇사옵나이다."

참으로 기막힌 포석이었다.

"그리하라 하라!"

전투에서 이긴다고 해서 이기는 게 아니었다.

김유신은 낭비성 전투의 고구려 포로들을 그곳에 정착시켰다. 오히려 포로들이 믿으려 하지 않았다.

소문은 바람을 타고 경계를 넘어 고구려 다른 성과 군영으로 전해졌다.

연계소문의 폭정에 시달리던 병사들이어서 믿으려 하지 않았다.

이상하게 고구려의 도발이 멈추어버렸다.

그들의 군장이나 병졸들이 기를 쓰고 신라의 변방을 공략할 의기를 잃어가고 있었다.

왕은 유신이 무장으로의 자질만 있는 것이 아니라 정객으로의 자질도 있음을 보았다.

덕만공주도 이를 듣고 기뻐하였다.

"유신에게 왕경수비군을 맡기심이 어떠하신지요."

덕만공주가 유신에게 왕경수비를 맡길 것을 주청하였다.

"그리함이 좋을 것이다."

## 4. 칠숙과 석품

덕만공주가 후계로 정해진 것에 대해 불만을 품은 자들이 있었다.

그즈음 내성의 관리를 춘추의 아비 김용춘이 맡아, 덕만공주의 내치를 받쳐주고 있었다.

그러자 전공을 세워 장군이 된 이찬 칠숙과 아찬 석품은 여자가 왕이 된다는 것을 수긍치 않았다.

실은 여왕은 아니 된다는 것이 아니라, 뜻은 다른 데에 있었다.

들어보니 중국의 황제자리도 빼앗으면 된다는 것을 주워들었기 때문이었다.

"신국(神國)은 무슨 얼어 죽을 신국이야, 천자의 자리도 바뀌어 버리는데… ."

"이참에 새로운 나라를 만들어야 하오."

"성골의 끝이 보임이오."

칠숙과 석품이 술에 취해 지껄이는 말을 비형랑의 수하가 듣고 말았다.

내성사신인 김용춘이 왕에게 아뢰었다.

"칠숙과 석품이 모의를 하고 있다 하옵나이다."

"유신을 시켜 진압하라!"

군사를 거느리고 있는 자들 이었다

"어찌 처분을 하오리까?"

"구족을 멸하라!"

유신이 왕명을 받아 이 사건을 처리하였다.

빈번한 적국의 도발에도 육부 귀족들은 평온을 유지하면서 지내던 터였다.

칠숙과 석품의 구족을 처형하는 동안 당해보지 못한 공포가 일었다.

그들의 구족과 육부귀족들은 모두 연관되어 있었다.

유신은 칠숙과 석품의 구족을 멸하라는 왕명을 수행하면서, 성인 장손들만 처형하고 부녀자들이나 어린아이들은 살려주었다.

진평왕이 이를 알고도 추궁하지 않았다.

이로 인하여 중신이나 귀족들도 유신의 눈치를 살피게 되었다.


## 5. 세속오계

서기632년 신라 제26대 진평왕이 붕어했다.

덕만공주가 대를 이었다.

이가 곧 신라 제27대 선덕여왕이다.

덕만공주는 등극하자 황룡사에 있는 원광법사를 찾았다.

법사는 팔순을 넘기고 있었다.

원광법사는 13세에 출가하여 안강 삼기산 금곡사에서 수도하다 24세 때인 진지왕 3년에 중원의 진(陳)나라로 가는 사신일행을 따라 금릉으로 갔었다.

연후에 오나라를 거쳐 월나라도 가보았다.

수나라가 진나라를 공략해 왔을 때에 수도 양도에 있다 포로로 잡혀 죽을 고비를 넘기고 풀려나 장안의 흥선사로 갔다.

그러한 여정을 거치면서 여러 논서와 불경을 연구하여 이름을 떨쳤었다.

진평왕22년(서기600년)에 귀국하여 새로운 불교지식을 전파하였다.

세속오계를 지어, 후에 신라 화랑도의 중심이념이 되게 하였다.

살생유택은 "육재일(매월 8일·14일·15일·23일·29일·30일)과 봄·여름에는 생물을 죽이지 않는 것이니, 이것은 시기를 가리는 것이다.

가축을 죽이지 말아야 하니, 말·소·닭·개 등을 말하는 것이다.

미물을 죽이지 말아야 하니, 고기가 한 점도 되지 못하는 것을 말하는 것이다.

이것이 바로 생물을 가리는 것이니, 이 또한 필요한 만큼만 죽이고 많이 죽이지 말라는 뜻이다.

이것은 세속의 좋은 계이다."

라고 설파하였다.

또한 원광은 진평왕30년(서기608년)에는 왕명을 받아 수나라에 고구려원정을 청하는 걸사표를 지어 수나라 양제에게 보내어, 양제가 직접 30만 군사를 거느리고 고구려를 공략하게 하였었다.

원광은 실제 정사에도 상당한 영향을 주었으며, 황룡사에 주석하다 선덕여왕의 등극을 맞이한다.


## 6. 원광에게 묻다

여왕은 팔순이 넘은 법사에게 물었다.

"어떻게 하여야 할지 모르겠습니다."

"세 가지만 말씀드리겠습니다."

"말씀하시지요."

"하나는 김유신을 중용하소서."

김유신의 나이가 37세 때였다.

"춘추는 어찌하고요?"

"바늘과 실이옵나이다."

여왕이 잠시 생각에 잠겼다가 물었다.

"또 무엇인지요?"

"자장을 서역으로 보내소서."

"자장을?"

자장은 유신보다 5살 많다.

세속에서 선종랑이라 했다.

진골 출신 소판 무림의 아들이다.

아비가 아들을 얻으면 출가시킬 것을 축원하였었다.

진평왕이 관직에 오를 것을 종용했으나 사양하고 불가에 귀의했었다.

"전하, 소승이 밟고 있는 아래에 잠자고 있는 황룡을 깨워야 신라를 보전할 수 있사옵나이다.

소승이 서역을 돌아다닌 까닭도 실은 그 방안을 알고자 함도 있었사오나 뜻을 이루지 못했사옵나이다.

자장은 충분히 전하의 명을 수행할 수 있는 인재이옵나이다."

"고맙소."

"소승도 신명을 다하여 돕겠사옵나이다."

"그리고… ."

"분황사에 석탑을 세우소서."

"분황사?"

"백제 무왕의 비 선화공주가 세운 미륵사탑과 같은 탑을 세우소서."

"분황사 아래의 사철을 채광하라는 말씀이오?"

"백제와 고구려의 도발에 대비하려면 많은 쇠가 필요하옵나이다.

당장 황룡사 사철을 끌어 올릴 방도가 없으니, 분황사 사철이라도 캐 올려야 하옵나이다."

그러한 일은 한시도 미루어서는 아니 될 일이었다.

"미륵사 탑의 구조를 알고 있는 자들이 있으니 그리 어려운 일은 아닐 줄 아옵나이다."

선왕 진평왕은 선화공주의 청으로 사자사 가는 길에 있는 연못에서 출현한 미륵존상을 보고 절과 석탑을 지을 때에 신라의 공장들을 지원했었다.

분황사도 같은 성격이라 그대로 지으면 될 일이었다.

"혜공과 원효가 분황사 아래에 탑 세울 만한 사철이 묻혀 있다고 했나이다."

"그러하다면 서둘 일이오."


## 7. 나라의 시작

신라가 생긴 지 700년이 되는 시점이다.

신라는 처음부터 무쇠를 만들면서 시작되었다.

나정에서 박혁거세 집단이, 알영정에서 아리영의 무리가 무쇠를 만들기 시작했음은 누구나 알고 있는 일이다.

　이후 무쇠가 나라를 만들고 유지시켜주었다.

　그러던 것이 소나무가 귀해져 충분한 용출을 할 수 없었다.

　원광은 중원에서 그들이 어떻게 무쇠를 효율적으로 용출하여 넓은 대륙을 지배할 힘을 갖게 되었는가를 유심히 살폈다.

　그러나 기술적 지식의 한계에 부딪혀서 보긴 보았으나 그 방법을 습득하지는 못했지만, 다행히 청량산 선승들 중에 소나무 없이 무쇠를 용출할 수 있는 자들이 있다는 소문까지는 들었었다.

　신라도 소나무 없이 철광을 환원시켜 무쇠를 용출할 기술을 가진다면 새로운 시대를 맞이할 수 있을 것이라 생각되었다.

　하지만 원광의 역할은 거기까지였다.

　결국 소문만 안은 채 귀국했고, 여왕에게 그 이야기를 아뢰고 있었다.

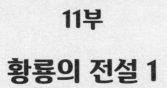

# 11부

# 황룡의 전설 1

# 황룡의 전설 1

## 1. 전불시대의 절터

지난 서기553년, 신라 제24대 진흥왕 즉위14년 계유2월이었다.

왕이 새 궁궐을 짓기로 마음먹고 신하들에게 일렀다.

"궁이 좁아 새로운 궁궐을 지었으면 하오."

"어디에다 지으시려 하시옵니까?"

"저기 넓은 들판이 지금의 궁과도 가깝고 하니…."

왕이 월성 동쪽 넓은 황무지를 가르쳤다.

전불시대의 절터라 하여, 가섭불의 연좌석도 있어, 신성시 하던 곳이었다.

"좋은 곳이옵니다."

그동안 신하들의 집들은 고쳐 짓기를 여러 번 하여 크고 좋은 집에 지내고 있으나 궁궐은 지은 지가 오래되어 보잘 것 없어 새로 지으려고 했다.

한강 유역까지 영토도 확보하였고, 가야국도 잘 평정되어 식량 걱정도 덜게 되어 마음의 여유를 가지자 신궁을 계획했다.

신궁 터가 결정되자 도면을 그리도록 했다.

이어서 물자를 조달할 계획을 세우고, 공사를 맡아 할 책임자를 정하고, 날을 잡아 하늘에 제사도 지냈다.

공장이 먹줄을 놓아 인부들에게 궁궐 앞을 자리에 기둥 설자리를 파라 이르고 막사에서 다음 공정을 살피고 있는데, 터를 파던 인부가 허겁지겁 달려와서 하는 말이 엉뚱하여 금방 수긍이 가지 않았다.

"공장님, 이상한 일이옵니다."

"무슨 일인가?"

"아무래도 용맥인 것 같사옵니다."

"무슨 말이냐?"

"용맥이 내려 뻗치고 있사옵니다."

오랫동안 버려둔 습지에서 용맥이 나오다니 믿기지 않았다.

"무얼 잘못 본 것이 아니냐?"

"지가 철장에서 일한 적이 있사옵니다."

"용과 비슷한 색의 흙들이 수두룩하지 않은가?"

"그런 흙과는 다르옵니다."

철장에서 일한 적이 있다는 인부의 말을 무시할 수 없어 현장으로 나가, 파낸 흙을 보니 실로 평소에 보던 흙보다는 검붉은 색을 띠고 있었다.

모래 같기도 했는데, 이상한 것은 판지 오래된 것은 더 붉은색으로 변해가고 있었다.

"처음엔 가는 맥이 보였는데 파 들어갈수록 폭이 넓어지더이다."

궁궐의 기둥자리를 파는 중이어서 무슨 일이 생기면 왕에게 아뢰어야 했다.

그러려면 어느 정도 확실한 사정이 파악되어야 할 일이었다.

'이게 용맥인지 동해안 도구리 야철장 수장에게 물어보면 될 일이다.'

공장은 속으로 그렇게 생각했지만 아닐 수도 있는 일을 가지고 오라고까지 할 수 없어, 붉은 흙을 보자기에 담아 보내기로 했다.

"이것을 도구리 야철장 수장에게 보이고 오게. 다른 사람들은 상관치 말고 터파기를 계속하라!"

도구리 야철장은 말을 타면 한나절에 오갈 수 있는 거리였다.

철광을 가지고 무쇠를 용출하는 야철장의 수장이라면 용인지 아닌지는 쉬이 알 수 있는 일이었다.

심부름꾼이 야철장에 도달했을 때에 마침 용광로에서 쇳물이 용출되는 때라 부산하기 이를 데 없었다.

시뻘건 쇳물이 흘러내리는 광경은 보기가 쉬운 일이 아니었다.

한참을 기다린 후에야 수장을 만날 수 있었다.

"어쩐 일로, 누가 보내서 왔는가?"

"서라벌의 신궁 공사장 공장의 심부름이옵니다."

"그래 무슨 일인가?"

"이 흙을 보여드리라 했습니다."

심부름꾼이 보자기에 담아간 흙을 펴 보였다.

수장은 서라벌의 공장이 보낸 일이라 해서 무언가 싶었더니 보자기에 담긴 흙을 봐 달라는 것이었다.

한눈에 보니 흙은, 흙이 아니었다.

"이게 어디에서 났소?"

"궁궐 공사장에서 난 것이옵니다."

그럴 리가 없었다.

아주 질 좋은 사철이었다.

그것도 황룡이라 하여 용출을 시키면 아주 좋은 무쇠를 얻을 수 있는 것이었다.

많이 묻혀있을 리 없지만 어느 정도 묻혀있다고 해도 예삿일 이 아니었다.

수장이 서둘러 신궁공사장에 당도하니 공장이 맞았다.

"이거 미안하오이다."

"왕실의 일인데 당연히 와야지요."

"철장에 있었다고 하는 자가 용이라 하기에……."

"예사로운 일은 아닌 것 같소. 일단 현장에 가보도록 합시다."

현장에 도착한 수장이 구덩이로 내려가더니, 한참 만에 올라와 심각한 표정을 지었다. 인부들이 있어서 그런지 굳은 표정이었다.

공장이 답답해서 재촉해 물었다.

"왜 그러시오?"

"우선 막사로 가십시다."

막사에 들어서자 수장이 입을 열었다.

"참으로 기이한 일입니다."

"그럼 정말 용맥이오?"

"그렇소. 그도 황룡이오."

"황룡이라?"

"거의 틀림없소이다."

수장이 용이라면 할 말이 없었다.

그것도 황룡이라니 도무지 뭐가 뭔지 모를 일이었다.

진흥왕께 공장과 수장이 가서 아뢰었다.

"무슨 일들인가?"

"신궁 공사장에서 용이 나왔나이다."

"틀림없느냐?"

"그러하옵니다."

"잘못 본 것이 아닌가?"

"더 살펴봐야 할 일이옵니다. 그보다……."

"그보다, 무어냐?"

"용은 용인데, 황룡이옵니다."

진흥왕이 놀라 수장을 쳐다보았다.

"짐이 몹시 혼란스럽다."

"광맥이 아래로 뻗으면서 넓어지고 있사옵니다."

"그렇다면 그 자리가 용혈?"

"그런가 보옵나이다."

"그래 신궁 공사장은 어떻게 하고 있는가?"

"일단 주변을 모두 통제시켰나이다."

"잘했다!"

왕이 못미더워 일자(日者)에게 가서 확인하고 오라 했다.

일자가 왕의 명을 받고 현장에 가서 살피니, 그들의 말이 틀리지 않았다.

일자가 왕에게 아뢰러 가니, 기다리고 있던 왕이 먼저 물었다.

"정말 용이 맞던가?"

"아주 훌륭한 사철이옵니다."

"묻힌 양은 어느 정도로 추측된다던가?"

"아직은 짐작하기 어렵다고 하옵니다."

참으로 기이한 일이었다.

어찌 황룡이 나타날 수 있단 말인가!

한 왕대에 매장량이 많은 철광이 나온다는 것은 나라 살림에 큰 보탬이 되는 일이었다.

광산 일에 능한 자들을 소환하여 묻힌 양이 어느 정도 되는지 파악하라 일렀다.

일자가 명을 받아 서둘렀다.

며칠이 지나 일자가 아뢰었다.

"그래 짐작되는 매장량이 얼마나 된다고 하더냐."

"광상이 깊고 넓다고 하옵니다."

"그렇게 많이?"

"그러하옵나이다."

"그러하오나… ."

"무슨 말인고."

"평지 아래에 묻혀 있는 터라 채광에 한계가 있다고 하옵니다."

산비탈에서 파고들어가는 것과 달리 평지는 우물처럼 지하로 파 내려가는 데에 한계가 있었다.

아무리 좋은 철광이 묻혀있다고 한들 실로 조금 밖에 퍼 올릴 수밖에 없었다.

채광의 기술적 한계에 대해 왕은 금방 이해했다.

어설피 채광하려고 덤벼들 일이 아니었다.

"효율적으로 채광할 방도가 없는가?"

"아직은 그러하옵나이다."

"일단 묻어라."

"궁궐공사는 어찌하오리까?"

"지금 궁궐이 문제가 아니다."

엄청난 양의 사철을 가진다는 것은 참으로 기뻐할 일이었지만 퍼 올릴 수 없다면 소용없는 일인 것이어서 안타깝기만 했다.

"이렇게 좋은 일이 생겨도 기뻐할 수 없다니⋯⋯."

설령 퍼 올린다 하더라도 다른 문제가 있었다.

산림이 황폐해 야철에 필요한 연료를 조달할 수 없어, 무쇠로 쉬이 용출시킬 형편이 아니었다.

나무들이 연료로 쓸 수 있는 정도까지 자라려면 몇 십 년도 더 있어야 했다.

안타까운 일이었지만 어쩔 수 없었다.

우선 담을 치고 후일을 기약하기로 했었다.

## 2. 자장, 중원으로

선덕여왕의 등극은, 진흥왕이 신궁을 지으려다 황룡이 나와 멈춘 지 80여 년 뒤다.

담을 쌓아 절로 삼았다지만 지하의 황룡을 지키기기 위함이었다.

그저 황룡을 살려내야겠다는 것이 아니라 백제와 고구려, 심지어 왜국의 침공으로부터 신라를 지키려면 더한 힘이 필요했다.

황룡을 살린다는 것은 사철을 채광한다는 것이었다.

사철을 채광하여 무쇠를 용출하게 되면, 그것보다 더 강한 힘이 될 것이 없을 것이었다.

선덕여왕이 자장을 들라했다.

귀족들의 자녀들은 권력의 주위에서 서성이며 어찌하든 좀 더 높은 관직을 얻고자 할 따름이었는데, 자장만은 유독 승가에 들어가 궁궐에는 얼쩡거리지도 않았다.

자장에게 관직을 내려 볼까도 하였지만, 그의 성품으로 보아 가당할 것 같지 않아 망설이고 있던 참이었다.

"어서 오오."

"강령하시옵나이까?"

"관직을 맡아달라고는 하지 않을 터이니 안심하오."

"망극하옵나이다."

"원광법사의 천거가 있었소. 법사가 서역에 갔을 때, 황룡을 살릴 수 있는 방도가 있다는 말을 들은 바가 있지만, 그 비법을 얻지는 못하였다 하오.

서역으로 가서 황룡을 살릴 방책을 알아오오. 아무도 기다려 주지 않소.

그러다가 나라가 백제나 고구려에게 망할 것이오.

채광과 용출에 관한 박사들을 규합하오."

자장은 여왕이 참으로 영명하다 여겨졌다.

"명을 따르겠나이다."

"그대에게 나라의 운명이 달려 있소. 당나라에서 알아차리면 목숨을 잃을 것이니 조심하오. 자세한 것은 원광법사께서 일러 주실 것이오."

왕의 명을 받은 자장은 제자 실(實) 등, 10명의 젊고 유능한 박사를 뽑았다.

원광법사는 일찍이 중원으로 가서 온갖 고초를 겪기도 했지만, 보고 들은 것이 상당하여 자장 일행에게 많은 것을 일러주었다.

"청량산은 오대산이라고도 불리는데 이는 오대, 즉 다섯 곳의 야철 단지가 있는 곳이라 중국의 철이 모두 이곳에서 난다고 해도 과언이 아니라네.

산지가 험해 철광이 나는 곳에서 용출을 하여야 하기 때문에 오대산에 모두 모여 있다네.

그리고 거기서 만들어지는 무쇠를 장안으로 옮겨, 무기를 만들고 연장을 만든다네."

법사는 중원의 지리와 풍습, 선인과 신인들이 거처하는 곳도 일러주었다.

막막한 곳으로 나서는 일행들에게는 엄청난 도움이 되었다.

가장 도움이 된 것은 일행이 가야 할 행로를 자세히 짚어준 것이었다.

사절단이 아니고 유학차 가는 것도 아닌, 목적이 모호한 파견이었다.

하지만 모두 승복을 입고 있어 불사를 위함이라는 것을 의심할 바 없었다.

왕은 당나라 황제를 알현할 때 바칠 선물도 많이 챙겨주었다.


## 3. 유신, 자장을 배웅하다

여왕이 유신으로 하여금 자장일행을, 한강을 타고 내려가 당나라 장사치 배에 이르기까지 호위하라 일렀다.

일행이 당나라로 가는 배가 정박한 서해나루에 닿자, 유신이 자장에게 예를 갖추어 작별인사를 했다.

"잘 다녀오십시오."

장수답지 않은 겸손함을 본 자장이 답례를 했다.

"아니 그래도 당부를 할 참이었소."

"말씀하소서."

"마마를 잘 부탁드리오. 저는 아무래도 수년이 지나야 귀국할 것 같소이다. 어쩌면 돌아오지 못할지도 모르오."

"염려하시지 마옵소서."

"그대는 소승의 동지요!"

"명심하겠습니다."

유신이 한쪽 무릎을 땅에 굽혀 고개를 숙였다.

"무사히 다녀오십시오. 전하는 신이 보필하겠사옵니다."

"참으로 고맙소. 우리 한 번 해봅시다."

두 사람은 서로 자세한 이야기를 나누지 않았어도 서로의 마음을 알고 있었다.

유신은 자장일행을 실은 배가 서해의 석양 속으로 사라질 때까지 바라보고 서있었다.

왕은 자장을 배웅하고 온 유신을 춘추와 함께 들라 했다.

"그래 서해까지의 정황은 어떠했는가?"

"안정되어 보였습니다."

"백제와 고구려의 경계를 비집고 들어간 곳이어서 어떤가했느니라."

"점령지 군주가 잘 경계하고 있었습니다."

"그래 자장이 떠나면서 별 말이 없었는가?"

"마마를 잘 보필하라 일렀나이다."

"왕실의 일족이지만 참으로… ."

왕은 자장의 깊은 속내가 참으로 고마웠다.

여왕은 춘추와 유신을 곁에 두지 않고 있다면 잠도 제대로 못 잘 것이라 생각되었다.


## 4. 당나라 태종의 환대

당나라 황제는, 신라의 왕손이 부귀영화를 버리고 법사가 되어 불법을 배우기 위해 유학차 오는 길에 선물을 가지고 와서 알현하자 기뻐 맞았다.

당 태종은 젊은 자장에게 예사롭지 않은 기운이 감돌아 어찌하든 자신의 가까이에 두고 싶은 생각이 앞섰다.

황제는 자장에게 많은 노자를 내려주었다.

"그래 불법을 배우고자 왔다니 두루 다녀보도록 하라. 어디부터 가려는고?"

"우선 청량산으로 가볼까 하옵니다."

"가는 길에 다른 곳도 돌아보도록 하라. 그리고 불편함이 있
으면 짐을 내세우라!"

# 12부

# 황룡의 전설 2

# 황룡의 전설 2

## 1. 청량산, 북대

높은 하늘과 쭉 뻗은 등성이를 감싸고 있는 숲속에 무엇이 있을 법하지 않았는데, 북대에 닿아보니 채광된 용과 소나무 연료가 산더미같이 쌓여있었다.

그런데 더 놀라운 것은 이제까지 보지 못한 규모와 이상한 설비들이었다.

"깊은 산중에 이런 광대한 설비들이 있다니!"

"스승님, 정말 놀라운 것들입니다."

박사들이 놀라 말하였다.

"엄청난 무쇠들이 쌓여있고, 어디론가 실려 나가고 있습니다."

"대국의 쓰임에 조달하려면 엄청난 양이 필요하겠지."

"저희가 보지도 듣지도 못한 설비와 연장들입니다."

수백의 사람들이 일사불란하게 움직이며 풀무를 작동하고 원료를 나르며 작업을 하고 있었는데, 용출시가 되니 돌로 만들어진 술병 같은 소상에서 쇳물이 콸콸 흘러나오는 것이었다.

북대의 선인이 친절히 맞아주었다.

"어서들 오시오."

"저희는 해동에서 온 순례객이옵나이다."

"참으로 멀리 왔소이다. 예전에도 귀국에서 왔다는 선사들이 있었소이다."

"가르침을 받고자 하옵니다."

일행은 정신을 차리고 선인에게 정중히 예를 갖추었다.

먼 신라에서 용출의 법을 알고자 이곳에 왔다고 이실직고하고는, 팔을 걷어붙이고 잡일부터 달려들었다.

선인은 자장 일행의 겸손을 보고는 감탄하여 하나하나 일러주기 시작하였다.

그야말로 믿기지 않을 정도의 붉은 쇳물을 인부들이 바퀴달린 형틀에 받아내고 있었다.

정말 보지도 듣지도 못한 광경이었고, 설비들이었다.

자장은 첩첩산중에 이러한 것이 있는 것에 놀라기도 하였지만, 변방에서 우물 안의 개구리가 되어 지낸 자신이 부끄럽기 그지없어서 눈물을 쏟았다.

청량산의 용, 즉 철광은 표토를 걷어내면 쉬 캘 수 있었다.

신라의 광처럼 사철이 아니고 괴철이었다.

그렇다고 단단한 돌멩이가 아니어서 쉬이 뭉개져 채광하기 어렵지 않았다.

구태여 갱도를 만들어 깊이 파고 들어갈 필요가 없었다.

"알을 만드는, 용융하는 과정은 없습니까?"

이는 무슨 말인가 하면, 철광은 일단 용융, 즉 녹여 성분을 정제하는 과정을 거친다.

산화철의 상태를 정제시키면 맑은 푸른빛을 띄우기도 한다.

이를 예전부터 알(卵)이라 했다.

이 알을 고온이 도달할 수 있는 환원로에 탑상하여 무쇠로 환원시킨다.

그런데 이곳의 공정은 그러하지 않아 선인에게 물었던 것이다.

"이곳의 용은 순도가 높아 제석천의 공인이 만든 소상에서 바로 용출이 가능하다오. 귀국의 황룡사에 잠자고 있는 용도 그러하다오."

"아니, 황룡사의 용을 어떻게 아시는지요?"

이 먼 곳에서 서라벌의 '황룡'을 어떻게 알고 있단 말인가! 참으로 믿기지 않는 일이었다.

그렇다면 신라 황룡사 용도 불순물을 제거할 필요가 없다는 것이었다.


## 2. 제석천 공인이 만든 소상

돌로 다듬어진 술병과 같은 용광로, 옆구리에 풀무에서 공급되는 공기가 주입되고, 용출 시점이 되면 아래에 구멍을 뚫으면 쇳물이 흘러나와 받아내는 구조로 되어 있어 참으로 신기했다.

"어떻게 이러한 용광로가 만들어졌습니까?"

"제석천(수미산 꼭대기에 있는 도리천의 임금)이 공인을 데리고 와서 조각해 만든 것이라오."

제석천 공인이 만들었다는 소상은 돌을 다듬어 만든, 참으로 신기한 용광로였다.

아랫단은 사각형 모양으로 상하 2단으로 직육면체 석재가 12개였다.

하단은 이보다 약간 큰 직육면체 석재 20개로 이루어져 있고, 가운데 부분은 총 27단으로 원통 모양을 하고 있었다.

중앙의 구멍은 제13~15단에 걸쳐 있고, 구멍 아랫변의 돌은

커다란 평판석이며, 13단 이상은 내부가 비어있었다.

머리 부분은 상하 2단의 정(井)자형 구조로, 석재를 4개씩 물렸다.

외벽과 정자형 두부는 잘 다듬어져 있으나 내벽은 다듬어지지 않고 돌기가 나있었다.

"스승님, 철저한 계산을 바탕으로 돌 한 조각 한 조각의 크기가 정해져 전체를 이루고 있습니다."

제자 실이 말하였다.

"주비산경을 알아야 계산할 수 있다는 말이로군."

"그렇다 할지라도 용출의 온도를 최대한 올릴 수 있는 각을 어떻게 알아내었을까요?"

"그러게 말일세."

"우선 있는 그대로 최대한 사실적으로 도면을 그려보게."

안쪽에 흙을 발라 말린 후에 연료를 채우고 철광석을 깔고 석회를 깔아 시루떡처럼 한 뒤에, 옆에 난 구멍에 풀무로 연결된 토관을 끼우고 매운 후, 불을 붙여 바람을 불어 넣도록 되어 있었다.

자장 일행은 로의 도면을 그리면서 선인의 설명을 들었다.

무엇보다 용틀임이 일정하게 일어나기 때문에 용출에 실패할 염려가 적었다.

감격할 일이 아닐 수 없었다.

그리다가 모르는 것이 있으면 선인에게 물어 소상의 구조를
충분히 익혔다.


## 3. 네 구절의 게송

소상 앞에서 그 이치를 알고자 열심히 간구하였다.

그러자 꿈에 노승으로부터 네 구절의 게송을 받는다.

꿈에서 깬 뒤 그 게송을 기억할 수는 있었지만 모두 범어였으
므로 그 의미를 전혀 알 수가 없었다.

실로 꿈속에서 게송을 받은 것이 아니라, 노승의 가르침을 이
해할 수 없어 정신이 몽롱했던 것이었다.

이튿날 아침 홀연히 한 스님이 붉은 비단에 금빛 점이 있는 가
사 한 벌과 부처의 바리때 하나와 부처의 머리뼈 한 조각을 가지
고 자장 옆으로 오더니 물었다.

"어찌 그리 수심에 잠겨 있소?"

자장이 대답하였다.

"어떨결에 네 구절의 게송을 받는데, 범어여서 그 뜻을 알
지 못해 그럽니다."

그러자 승려가 번역하여 일러주었다.

"'가라파좌낭'이란 일체의 법을 깨달았다는 말이고,

'달예치거야'란 본래의 성품은 가진 것이 없다는 말이오.

'낭가사가낭'이란 이와 같이 법성을 알았다는 말이고,

'달예노사나'란 노사나불을 곧 본다는 말이오.

비록 만 가지 가르침을 배운다 해도 이보다 더 좋은 것은 없소."

이어서 승려는 더 자세한 뜻을 풀어주었다.

그 설명에 따르면,

'일체의 법을 깨달았다'는 말은 '본래의 법성(자태)이 무엇인지 알았다'는 것이고.

'본성은 가진 것이 없다'는 말은 '본래의 모습과 전혀 다른 모습을 하고 있다'는 것이며,

'이와 같이 법성을 알았다'는 말은 '그 본성으로 돌아가게 하는 법을 알았다'는 것이고,

'노사나불을 곧 본다'는 말은 '그러한 법을 알면 본성대로 되돌릴 수 있다'는 뜻이라는 것이었다.

네 게송은 철광석이 무쇠로 환원되는 원리를 설명하고 있었다.

게송의 뜻이 무엇인지 몰라 근심했는데, 노승이 놀랍게도 산화철이 어떠한 원리로 환원하여 생철로 되는지 가르쳐 준 것이었다.

게송의 핵심은 본래의 성질로 만들기 위한 환원식이었다.

산화철에서 본래의 성질을 돌려 생철로 되게 작용하는 요소

가 무엇이냐는 것을 가르쳐주고 있기 때문이었다.

그러나 철광석이 본래의 성질로 변화하기 위하여 작용을 하는 물질이 무엇이냐는 것이 문제였다.

신인은 연기 나는 석탄을 가지고 숯을 만들었는데, 만든 숯은 열량이 많으면서 소나무 숯의 역할을 쉬이 해내는 것이었다.

신인은 어려운 법을 잘 습득하는 자장일행이 대견해 어찌하든 많은 것을 가르쳐 주고 싶어 했다.

그리고 이러한 모든 것이 부처님의 은덕이라 했다.

자장 일행 중 용출 박사도 있었는데, 그도 석탄을 가지고 용출하는 시도를 해보지 않았던 것이 아니었다.

연기 나는 석탄은 불도 잘 피어나지 않아서 쓸 생각조차 하지 않았고, 연기가 나지 않고 열량이 센 무연탄으로 시도했었지만 번번이 실패했었다.

"스승님, 유연탄의 연기에 답이 있는 것 같습니다."

"우린 그동안 녹이기만 잘하면 용출할 수 있을 것이라는 사고에 갇혀 있었던 게야."

"원래의 철이 가지고 있던 본성을 빼앗겨 용(산화철)이 되어버린 것을 되돌리면, 본래의 모습(철)으로 돌릴 수 있다는 원리를 다시 생각해봐야 할 것 같습니다."

"무연탄은 그러한 작용을 할 수 없지만, 유연탄은 오히려 그러한 역할을 할 수 있다 함이다!"

"스승님, 그렇다면 연기가 본래의 모습으로 되돌려 놓는다는 것입니까?"

"그렇다. 참으로 소중한 법을 배웠다."

용이 나타나 제를 청하여서 칠일 동안 공양을 올렸다.

–용맥이 나타나 철광을 캐 칠일 동안 용출작업을 하고 보니, 신인의 가르침을 알아차릴 수 있었다–

그러자 용이 법사에게 말하였다.

"지난번 게송을 전한 늙은 승려가 바로 진짜 문수보살입니다."

## 4. 보리를 구하다

자장 일행이 북대에서 내려와 태화지가를 지나는데, 신인이 다가와 물었다.

"어찌하여 이곳까지 오셨소?"

그러자 자장이 대답하였다.

"보리를 구하기 위해서입니다."

"귀국의 국왕은 인도의 찰리종 왕과 같이, 이미 인연이 있어 불기를 받았으므로 동이 공공족과 다르다오.

허나 산천이 험해 사람의 성질도 거칠고, 사납고 여러 간사한 것을 믿어 때때로 하늘에서 벌을 내리기도 하지만 다문비구가 나라 안에 있으므로, 군신이 편안하고 만백성이 화평한 것이오."

'다문비구'라 함은 철광이 나는 곳이 여러 곳이라는 말이었다.

또 신인이 감응하여 비결을 주며 또 말하였다.

"귀국의 황룡사는 가섭불이 강연한 땅이므로 연좌석이 아직도 있소. 그러므로 천축의 무우왕이 황철 약간을 모아 바다에 띄웠는데, 1천 3백여 년이나 지난 후에 귀국에 이르러 삼존불상이 이루어져 그 절에 모셔졌던 것이니, 대개 위덕의 인연이 그렇게 시킨 것이라오."

말문이 막혔다.

도대체 이 선인은 신라의 사정과 가섭불의 연좌석은 어떻게 알고 있으며, 황룡사의 삼존불이 주조된 사연을 어떻게 이리도 잘 알고 있을까!

자장일행은 놀라움을 금치 못했다.

신인은 고개를 끄덕이며 또 물었다.

"이 먼 곳까지 온 것을 보니, 귀국에 무슨 어려운 일이 있습니까?"

"우리나라는 북으로 말갈과 닿아있고, 남으로 왜국과 접해있고, 고구려와 백제 두 나라가 번갈아 국경을 침범하여 백성들이 어려움을 겪고 있습니다."

자장의 말을 들은 신인이 말했다.

"지금 그대 나라는 여왕을 모시고 있어 덕은 있어도 위엄이 없기 때문에 이웃 나라에서 함부로 여겨 자주 침략을 하는 것이니, 그대는 속히 귀국하여 대책을 마련하도록 하시오."

"아무런 방책을 알아내지 못하고 돌아가기만 하면 무얼 하겠습니까?"

신인은 잠시 눈을 감았다 뜨더니 말했다.

"황룡사에 구층탑을 세우시오. 그러면 이웃 나라들이 항복할 뿐만 아니라 아홉 나라가 조공하여 왕조가 길이 평안할 것이오.

탑을 세운 뒤에는 팔관회를 열고 죄인들을 용서하면 외적이 해치지 못할 것이오.

그리고 나서 나를 기리는 기도처를 하나 지어 복을 빌어주면 내가 보은하리다."

구층탑을 세우라는 말에 어리둥절했다.

"저희는 탑을 어떻게 세울지 모르옵니다."

"종남산 운제사 원향선사에게 물으시오."

말을 마친 신인은 범왕의 약속을 상징하는 옥(玉)을 주더니 어디론가 사라져 버렸다.

자장 일행은 여왕의 밀명을 수행하고 있다는 것을 철저히 감추어야 했기 때문에 이러한 일은 별전에 따로 기록하였었다.

# 5. 운제사 원향선사

당나라 서울에 들어가니 당 태종이 칙사를 보내어 자장을 위무하고 승광별원에 거처하도록 했다.

태종의 은총과 내린 물건이 매우 많았으나 자장은 그 번거로움을 꺼려서 표문을 올리고 종남산 운제사 동쪽 절벽에 들어가서 바위에 나무를 걸쳐 방을 만들었다.

실은 신인이 종남산 운제사 원향선사에게 탑 세울 일을 배우라 하여 그곳을 찾은 것이었다.

원향선사는 자장에게 광물을 효과적으로 채광하는 기능을 가진 탑을 축조하는 법을 가르쳐 주었다.

광구를 개발하는 데에 있어서, 비탈진 산지인 경우 중단 부분에서 채굴한 광물을 토해내는 방법을 구사하지만 평지의 경우에는 우물처럼 파 내려가 토해내기는 작업의 한계가 있었다.

탑은 그러한 한계를 극복할 수 있는 방안이었다.

탑을 세우면 왜, 어떻게 9한이 굴복하여 조공을 바친단 말인가?

신인이 그저 탑만 세우라고 한 것이 아니다.

철광석을 효율적으로 채광할 수 있는 탑 구조를 원향선사에게 배우라 한 것이었다.

수직갱 입구의 지상과 지하가 이어지는 부분에, 철 구조물(철반)을 세워 수직갱의 입구가 막히지 않도록 하여, 높은 곳에 여러 개의 도르래를 장치하여, 두레박이 오르내리게 하였다.

여러 개의 도르래가 걸쳐지는 구조로 만들려니 구층탑의 높이가 필요했다.

두레박을 위나 아래로 적은 힘으로 무거운 것을 올리거나 내릴 수도 있게 되어 있었다.

그림을 그려보니 놀라웠다.

지하에 있는 광물을 가장 효율적으로 채광하는 방법은 일단은 우물, 즉 수직갱을 파는 것이다.

수직으로 들어가다, 일정 지점에서 지반이 무너지지 않는 한 공간을 확보하고 난 뒤, 파상형으로 광물을 채굴하여 지상으로 올리게 하는 역할을 하는 것이 탑이었다.

3년 동안 운제사에서 많은 일이 있었었다.

자장 일행은 채광법에 대한 것과 기구를 만들고 설치하는 기술도 습득하였다.

이윽고 다시 장안으로 들어오자 당 태종이 거듭 칙사를 보내 위무하고 비단 200필을 내려서 의복의 비용으로 쓰게 했다.

자장 일행은 빨리 신라로 돌아가야 하는데, 당 태종이 이리저리 머물게 했다.

자장은 아예 불사를 하러 왔음을 믿게 하기 위해 은거에 들어갔었다.

그리고 몰래 신라에 그러한 사정을 알렸다.

# 13부

# 구층탑의 정체

# 구층탑의 정체

## 1. 대야성의 비보

서기642년. 신라는 백제에게 변경의 요충인 대양주의 대야성을 빼앗겼다.

육부장과 왕족들로 뭉친 보수세력들이 군권이 신군부세력인 가야계로 넘어가는 것을 경계하면서 대야성의 성주를 신라계 김품석으로 삼았다.

김품석은 전투경험을 쌓은 장수도 아니고 지략을 가진 자도 아니어서 성주의 자질이 아니었다.

심지어 부하의 아내들을 탐해 원한을 싸고 있었다.

백제에서 이를 알고 앙심을 품은 이들과 결탁하여 성을 공략하자, 성안에 불이 나고 성문이 열렸다.

김품석은 항복하면 살려주리라 여겼지만 그 자리에서 목이 달아나고 말았다.

품석의 아내인 춘추의 딸 고타소랑은 처소로 들이닥친 백제군을 보고는 자진을 했으나, 백제군사가 공을 차지하기 위해 목을 쳤다.

백제군은 신라군이 함부로 보복하지 못하도록 포로 된 군사를 노비로 삼고 점령지의 백성들을 인질로 삼았다.

품석과 고타소랑의 시신도 돌려주지 아니하고 전리품으로 가져갔다.

선덕여왕에게 궁인이 대야성의 비보를 아뢰었다.

"성주 김품석이 죽고, 아내인 고타소랑도 ⋯ ."

성을 빼앗긴 것에 다하지 못하고 성주의 부부가 죽임을 당했다고 했다.

성주의 아내인 고타소랑은 춘추가 아끼는 딸이었다.

"유신과 춘추를 들라 하라!"

춘추는 딸이 죽었다는 비보를 접하고는 벽에 기대어 하루를 보내고 있었다.

춘추와 유신이 들자, 여왕이 김유신에게 물었다.

"대야성을 어찌할꼬?"

"백제의 군사가 대야성에 집결해 있어 국지전으로는 당장 탈환이 어렵사옵나이다."

"다른 대안은 없는가?"

"백제군을 분산시키기 위해서는 고구려의 협조가 있어야 하옵나이다."

김유신의 말을 들은 춘추는 자신이 고구려에 가서 청군하리라 마음먹고는 왕에게 아뢰었다.

"신이 고구려에 가서 청군 해볼까 하옵나이다."

왕은 춘추가 직접 고구려에 가길 청하니 놀랐다.

"그대는 신라의 재상임을 잊지 말라!"

"백제와 고구려가 연합하게 놔두어서는 딸의 원수를 갚지 못할 것 같사옵나이다. 이는 누굴 시켜서 될 일이 아니라 신이 직접 나서야 할 일이라 생각되옵나이다. 신이 고구려에 건너가게 윤허해 주옵소서."

왕은 춘추의 간곡한 청을 거절하지 못하였다.


## 2. 고구려의 정변

시월에 연개소문이 고구려 영류왕을 시해하고 새 왕을 옹립

하였던 것이다.

고구려의 실권은 연개소문이 쥐고 있는 게 분명했다.

그러하다면 연개소문을 직접 만나야 될 일이었다.

춘추는 고구려로 가면서 유신에게 말했다.

"60일이 지나도 돌아오지 않는다면 기다리지 마소서."

"공이 만약 돌아오지 못한다면 고구려의 왕궁을 짓밟아버리리라."

유신이 손가락을 깨무니, 춘추도 그리하여 서로 맞대었다.

춘추가 훈신사간과 함께 고구려로 가는데, 대매현 고을 촌장이 푸른베 3백보를 주면서 일렀다.

"어디 가시든 간에 필요한 물건이 있사옵니다."

"고맙소이다. 미처 챙기지 못한 일이오."

적국에 가는 춘추공에게 긴히 쓰임이 있으리라며 건넸다.


## 3. 연개소문

고구려에 가니 연개소문이 춘추를 맞이하였다.

고구려의 연개소문은 왕의 명이라 핑계되며 춘추를 가두고, 옛 고구려의 땅인 한강 이북 마목현과 죽령을 돌려주라고 하였다.

청병을 하러 왔는데 오히려 옛 땅을 돌려 달라는 것이었다.

참으로 난감한 일이었다.

"고구려의 땅이었던 마목현과 죽령을 돌려주시오!"

"그것은 재상의 책무가 아니오."

"그리하지 아니하면 재상의 귀환을 보장할 수 없소."

춘추가 자신의 능력 밖이라고 하자, 죽이려는 참이었다.

곤경에 빠진 춘추가 연개소문의 신하 선도해에게 가지고 왔던 청포 3백보를 뇌물로 주고는 살길을 물었다.

그가 토끼의 간을 구하러 간 거북이 이야기를 들려주었다.

"동해 용왕의 딸의 병에 쓸 토끼의 간을 구하러 간 거북의 이야기를 상기하오. 거북이가 토끼를 온갖 감언이설로 꼬아 용궁으로 데리고 가면서 데리고 가야하는 사연을 말하니, 사연을 들은 토끼가 간을 씻어 말리느라 두고 왔다고 하였지요. 그러니 거북이가 간을 가지고 오라고 토끼를 뭍으로 놓아준 이야기 말이오."

춘추가 그의 말을 듣고는 연개소문에게 '돌아가 왕께 고하여 고구려의 옛 땅을 돌려주도록 하겠다'고 하니, 연개소문은 옛 땅을 돌려받을 것이라 하여 기뻐하였다.

"돌아가 신라왕에게 옛 고구려의 땅을 돌려주라고 하겠소."

"진작 그러셔야 신라와 고구려가 손을 잡을 수 있을 것이 아니오."

"염려 마오."

"하하하…."

그러고 있는데 연개소문의 수하가 들어와 귓속말로 무언가를 전하였다.

이는 다름 아닌 신라의 김유신이 김춘추의 귀국을 기다리다 못해 정병 3천을 거느리고 고구려 왕성을 공략하려 국경에 집결해 있다는 말을 전한 것이었다.

"무어라!"

연개소문이 놀라자 춘추가 얼떨결에 물었다.

"무슨 좋지 않는 일이라도 있소이까?"

"아니오."

연개소문은 당황하여 김유신이 국경을 넘어오기 전에 서둘러 김춘추를 풀어주었다.

"공은 곧 신라로 돌아가도록 하오."


## 4. 춘추의 귀환

한편, 춘추의 귀환을 기다리던 유신은 예순 날이 지나도 춘추가 돌아오지 아니하자 정예군 3천을 소집하여 고구려 왕성을 공략하기로 하였다.

왕에게 고하고 정병을 사열하니 그 기세가 대단하였다.

왕경에 잠입해 있던 고구려 첩자가 이를 보고 놀라 본국에 급히 전했던 것이었다.

유신이 정병을 거느리고 국경에 닿자, 춘추가 국경을 넘어오고 있었다.

"무사해서 다행이오."

"심려를 끼쳤사옵니다."

춘추는 딸의 원한을 갚기 위해 고구려에 청병하러 갔지만, 차제에 고구려의 실정을 어느 정도 살필 수 있었다.

가장 큰 성과는 연개소문과의 조우였다.

그를 안다는 것은 고구려의 모든 것을 아는 것과 같았다.

그는 분명히 고구려의 모든 것을 장악하고 있었다.

고구려왕은 그저 허수아비에 불과했다.

연개소문이라는 괴물이 고구려를 장악하고 있음을 직접 보게 된 것이었다.

그러나 아무리 강성해도 뇌물을 받아먹는 신하가 있는 것을 보니, 그도 완벽한 독재자는 아니었다.

유신은 당장 백제를 공략할 수도 있었지만 인질로 잡혀있는 군사와 백성들을 살피지 않을 수 없었다.

단박에 모든 문제를 해결하여 잡힌 군사와 백성을 찾아올 수 있어야 했다.

김유신이 얼쩡거리고 있자, 비난이 일었다.

"김유신 장군도 별 볼일이 없군."

"백제군이 겁나긴 나는 모양이군."

김유신은 귀족들의 비난이 있어도 꾹 참고 변방의 방비를 다져나갔다.

백제군에게 주성은 빼앗겼지만 김유신은 아직 빼앗기지 않은 성의 성벽을 보수하고 정규군을 적절히 배치하였다.

만약 백제의 도발이 있을 시에는 후면과 측면을 공략할 전략을 구사할 요량이었다.

또한 지형과 지세를 이용한 방어선을 구축하여 전투가 벌어지더라도 백성들이 거주하는 지역은 철저히 보호되도록 하였다.

먼저 작은 개울이라도 보로 막아 적군이 쉬이 건어오지 못하게 하면서 농사에 필요한 수량을 확보하였다.

이는 성을 쌓는 것과 같은 중요한 일이었다.

변방의 경계에 초소를 세우고 이상 징후가 보이면 봉화를 올려 알리도록 하였다.

후방에서 대기하고 있는 주력 부대는 항시 출동할 태세를 유지시켰다.

## 5. 선덕여왕의 친서

당 태종은 서기599년에 태어났으니, 자장보다 9살 아래다.

27세에 형제를 죽이고 왕권을 잡았다.

당 태종은 자장을 만나면 대화는 격이 없었고, 그의 해박한 식견과 소탈함에 매료되어 가까이 두고 싶었다.

서기643년, 정관17년 계묘에 신라 선덕왕이 당 태종에게 글을 보내 자장을 돌려보내 줄 것을 청하였다.

자장이 중원으로 간 지 여섯 해나 되었기 때문이었다.

왕실의 일원이라 타국에 너무 오래 머물게 할 수 없다는 내용이었다.

당 태종이 이를 허락하고 대궐로 불러들여서, 비단 가사 한 벌과 여러 색깔의 비단 500단을 내려주었고 태자도 비단 200단을 내려주었으며, 또 많은 예물을 내려주었다.

자장은 본국에는 아직 불경과 불상이 충분하지 않다고 여기어서, 대장경 1부와 여러 번당과 화개 등에 이르기까지 복과 이로움이 될 만한 것을 청하여 모두 실어왔다.

# 6. 구층탑

자장이 돌아와 여왕에게 황룡사에 탑 세울 것을 간했다.

"탑을 세우라니 무슨 연유요?"

"구층탑을 세우면 많은 사철을 채광 할 수 있기 때문이옵나이다."

"청량산 신인은 황룡사 아래에 사철이 묻혀있다는 것을 어떻게 알고 있었지?"

"소승도 놀랐을 따름이옵니다."

"하지만 철광만 있으면 무엇 하오? 용출에 필요한 나무가 있어야지……."

왕이 궐의 천정을 보며 탄식하자, 자장이 아뢰었다.

"나무가 아닌 석탄을 가지고 용출할 수 있사옵니다."

"그건 수차 시도해 보았지만 실패하지 않았소?"

"그땐 무연탄으로 시도하여 실패하였지만 연기 나는 유연탄을 쓰면 가하옵니다."

"연기 나는 석탄은 잘 타지도 않고 열량도 약하지 않소?"

"그러하오나 숯으로 만들면 열량도 높아져 용출도 가하옵나이다."

"석탄 숯이라? 아무래도 믿기지 아니하오."

"신인이 방도를 가르쳐 주었사옵나이다."

"그렇다면 시연을 해보도록 하오."

"벌써 준비를 시켜놓았나이다."

자장은 귀국 후 제일 먼저 석탄 숯을 만들었다.

인근 숯가마에서 유연탄으로 석탄 숯을 만들어 분황사로 옮겼다.

철광과 회도 준비시켰다.

여왕도 놓치지 않고 보고 있었다.

작은 용광로에 원료를 장전하고 불을 붙이고 풀무를 젓기 시작하였다.

새벽녘이 되어 로의 아랫부분을 뚫으니 달빛을 띤 쇳물이 흘러나왔다.

모두가 감격했다.

연기 나는 유연탄은 영일 장기 마현에 노천으로 있었다.

그렇다면 이제 탑을 세워 사철을 캐면 되었다.

극렬히 반대하던 군신들도 시험 용출이 성공하자 말문을 닫았다.

무쇠가, 소나무가 아닌 석탄 숯으로 용출된다면 탑 세울 비용은 아무것도 아니었다. 탑으로 인하여 채광은 지속적으로 이루어질 것이기 때문이었다.

이루 말할 수 없는 이득이 생길 일이었다. 무쇠만 있으면 어느 나라에 가든 구하지 못할 것이 없었다.

"짐의 큰 근심이 날아갔소. 선대가 이곳에 나라를 세운 지 700년이 되었소. 멈추었던 나라의 기운이 이제 다시 살아나게 되었소. 뭘 더 망설이겠소."

시연에서 무쇠가 용출되자, 왕은 기뻐 어쩔 줄 몰라 했다. 둘러 서 있던 군신들도 모두 놀랄 뿐이었다.

왕이 신하들과 함께 구층탑의 도면을 보니, 신라에서는 한 번도 지어본 일이 없는 탑이었다.

"이런 탑을 지을 수 있는 공장은 신라에 없사옵나이다."

도면을 보던 신하가 나서서 말했다.

"어디 있기는 하오?"

"백제에서 초빙하면 가할 줄 압니다."

"그가 누구인가?"

"아비지라는 자라 들었사옵니다."

"지체하지 말고, 보물과 비단을 충분히 가지고 가서 몰래 데려오도록 하오."

# 7. 채광탑의 명인

  그리하여 왕의 명을 받은 신하가 보물과 비단을 가지고 백제로 갔다. 가지고 간 재물을 내밀자 아비지가 놀라 말했다.
  "소인을 초빙하는 까닭이 무엇이오?"
  "불사를 위함이라 하였소."
  "신라에도 훌륭한 공장이 많은데, 하필이면 왜 저를?"
  "나는 그저 심부름꾼일 따름이오."
  "가기가 좀 그렇소이다."
  "일을 마치면 더한 재물을 줄 것이라 하였소."
  "재물은 이만해도 충분하오."
  "불사라 하였소!"
  "그러하다면."
  "선 김에 나서야 할 것이오."
  아비지는 신라 사람을 따라나서려고 자리를 털고 일어나니 그동안의 일들이 주마등같이 지나갔다.
  금광이나 은광이 발견되면 혈자리를 보호하기 위해 탑을 만들어 덮었다.
  작은 탑도 있었지만 큰 탑도 있었다. 지붕만 만들어 씌우는 것이 능사가 아니라 땅속 갱도를 따라 들어가 광물을 캐는 인부들을 보호하고 캔 광물을 쉬이 끌어 올릴 수 있는 장치도 만들어

주어야 했다.

이 일을 배우게 된 것은 운명이었다.

어릴 때부터 손에 닿는 나무를 조막 칼만 있으면 무엇이든 만들어 내었다.

그러다 힘을 쓸 나이가 되자 동네 헛간을 고치러 다니다, 도목수의 눈에 들어 큰 공사장에 따라다녔다.

도목수는 자신이 가진 고급기술을 차근차근 전수해 주었다.

어지간한 일은 맡겨주기까지 하였다.

그러다 얽매이는 것이 싫어 광산 일을 하면서 갱구를 덮어씌우는 탑 만드는 일을 하였다.

그런데 광산일이 그랬다.

산중에 있는 광산촌은 평화로울 줄 알았는데 광맥이 발견되고 광물이 쏟아져 나오면 더한 아비규환이 되었다.

그러다 서로 차지하려는 탐관오리들이나 심지어 도적들이 설쳤다. 먼저 가져가는 놈이 임자여서 아수라판이었다.

그러한 판에서 나마 살아남은 것은 자신이 갱구를 감싸는 탑을 짓는 기술을 가졌었기 때문이었다.

광산에서 내려와 눈먼 어미 곁에 오랜만에 쉼을 가지고 있던 차였는데 밤중에 신라에서 사람이 와 같이 가기를 종용했다.

내미는 재물이 어미의 생계를 걱정하지 않아도 될 만큼 충분한 것이었다.

## 8. 원효와 혜공

탑 세우기는 작정되었지만 이후의 일이 문제였다.

그동안 탐광을 해두었지만 막상 갱구를 만들어나가는 일 또한 만만한 일이 아니었다.

탑상은, 그야말로 지붕만 덮으면 된다고 하지만 철반 아래로 갱구를 만들어 가는 일은 고도의 기술이 필요한 일이었다.

직갱으로 내려가다 수평으로 공간을 만들어 채굴한 철광을 모아 두레박에 실어 올려 보내는 것이 기본이었다.

한 층이 확보되면 한 층 더 내려가는 공정이 이루어져야 하는 것이었다.

말이 쉽지 이러한 일을 총괄하기란 채광에 대한 신기의 기술을 가지지 아니하면 아니 될 일이었다.

여왕이 걱정스럽게 물었다.

"지하의 일은 어떻게 할 예정이오?"

이를 들은 자장은 허리를 깊이 숙이고 나서 말했다.

"그렇지 않아도 그 일에 관해 아뢸까 하던 참이었사옵니다."

"그래 작정한 바가 있소?"

"혜공선사를 청할까 하옵니다."

"혜공? 그자는 정한 거처가 없지 않소?"

"원효와 어울린다고 하옵나이다."

"그렇다면 원효에게 물으면 되겠소."

"그러하겠사옵니다."

"용출의 일은 원효에게 맡기면……."

"지당하신 분부이옵니다."

혜공은 광산개발의 신인이었다.

땅속에 들어가 올라오면서도 옷이 젖지 않았다.

땅속에 무엇이 묻혀 있는지 훤히 들여다보았다.

그가 파낸 광물을 용융하여 여러 귀한 금속을 만들어 내는 신인은 원효였다.

그러다 보니 둘은 한 짝이었다.

땅속의 일은 혜공을 따를 자가 없었고, 땅위의 일은 원효를 따를 자가 없었다.


## 9. 흥하고 망하는 일

이간 용춘이 총책임을 맡고 백제에서 온 아비지가 나무와 돌을 경영하여, 투입된 소장이 200명이나 되었다.

첫 기둥을 세우는 날, 아비지는 고국 백제가 망하는 꿈을 꾸었다.

이에 의심스런 마음이 일어 일손을 멈추었다.

그러자 이간 용춘이 아비지에게 물었다.

"어찌 일손을 멈추시오?"

"……."

꿈이 문제가 아니었다.

도면을 자세히 보니 불탑이 아니었고, 혈 자리에 세우는 채광탑이었다.

갱구를 보호하기위해 지붕만 씌울 따름이었는데, 그런 것과 달리 갱구에 철 구조물이 있어 충분한 깊이로 파내려 갈 수 있게끔 되어있었다.

철구조물을 받침대로 지상의 도르래로 연결된 줄에 두레박을 달게 되어 있었다.

그렇다면 채광한 광물을 퍼 올리거나 사람이 지하로 타고 오르내리는 역할을 하는 탑이었다.

이제까지 자신이 만들던 광탑과는 달랐다.

어쩌면 이러한 탑을 세울 꿈을 꾸고 있었던 것이었다.

아비지는 탑이 완성될 경우 상당한 역할을 할 것이라는 것을 알 수 있었다.

탑이 완성되면 채굴되는 사철의 양도 엄청날 것이었다.

그렇다면 이 탑으로 인하여 신라의 국력이 금방 백제를 능가하리라는 것은 불을 보듯 한 일이었다.

그러함이 보이는데, 이 탑을 자신의 손으로 만들 수 없었다.

일손을 멈추자, 이간 용춘이 그에게 말했다.

"공의 제자가 왜국에 가서 탑 세우는 일을 돕고 있다는 것을 알고 있소. 그러면서 공이 신라에 탑 세우는 것을 돕지 못하겠다는 것은 무슨 까닭이오?"

일손을 멈추고 난 뒤에 일어날 일을 생각해 보니 죽임을 당하지는 아니하겠지만 강제로 일을 시킬 것이 뻔했다.

또 꿈에서 큰 지진이 나고 사방이 어두컴컴해지더니 노승 한 사람과 장사 한 사람이 금전 문에서 나와 탑 기둥을 세우고 사라졌다. 꿈에서 깨어나 어쩔 수 없이 일을 계속하기로 했다.

자신의 의지로 멈추어질 일이 아니었다.

그리하여도 가만히 있어서 될 일은 아니었다.

인부 중에 은근히 접근해 오는 자를 눈여겨보아둔 자가 있었다.

아마도 그 자는 백제에서 보낸 세작이라 짐작되었다.

아비지는 목재를 지고 지나는 그 자에게 다가가 물었다.

"힘들지 않소이까?"

"그래도 속아서 오지는 아니하였소이다."

자신이 속아 온 것을 아는 것을 보니, 짐작대로 이 자는 백제의 세작이 분명했다.

자세한 연유는 전하지 못할 사정이어서, "흥하고 망할 일이라 전 하오"라고 일렀다.

다음날 그 자는 일터에서 보이지 않았다.

구층탑의 가운데 갱구에서 지상과 지하를 연결하는 철반(鐵盤) 이상의 높이가 42척, 철반 아래는 183척 이었다.

철로 된 구조물이 지상과 지하를 연결시키고 있음이었다.

탑의 역할은 지하로 내려가는 통로이자, 지하에서 채굴한 광물을 지상으로 끌어올리는 장치였다.

탑이 높은 것은 여러 개의 도르래를 천장에 매달아 두레박이 쉽게 오르락내리락하기 위함이었다.

탑을 목재로 올려 가운데 공간을 충분히 확보하고 있었다.

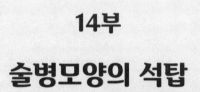

# 14부

# 술병모양의 석탑

# 술병모양의 석탑

## 1. 수미단

선덕여왕 앞에 또 하나의 도면이 펼쳐졌다.

이는 신하들과의 회의에서 보인 적이 없는 것이었다.

겉은 술병 모양의 석탑이었는데, 속은 비어 있지만 상당히 복잡한 양상을 띠고 있었다.

여왕은 자장이 중원에서 가지고 온 이 도면을 보면서 희색이 만연했다.

'제석천이 공장을 시켜 만든 소상의 도면'은 이제까지 흙으로 만들었던 용광로와는 달리 돌로 된 것이었다.

깎아 만들어야 할 돌들의 모양이 비슷하나, 그 크기는 다 달랐다.

"이게 제석천의 공인이 만들었다는 소상의 도면이오?"

"그러하옵나이다."

"도면에 돌 하나하나가 따로 그려진 연유가 무엇이오?"

"그 크기가 다 다르기 때문이옵나이다."

"겉은 매끄러우나 안은 돌기가 난 것은 어찌 그리하오?"

"안은 그대로 쓰이는 것이 아니라 열을 지키는 고령토를 바르기 쉽게 하기 이옵나이다."

"그러면 구분되어있는 칸 역시 원료를 장전하는 경계이기도 하겠소."

"어찌 그리 금방 아시옵니까. 저희는 그 점을 알아차리기도 힘이 들었사옵나이다."

"하하, 짐이 그저 짚어 본 것이 맞아떨어졌을 뿐이오."

"아니옵니다. 이 모든 것을 먼저 짐작하셨기에 저희를 중원으로 보내신 것이 아니옵나이까."

"그걸 알아주는 것도 고마운 일이오."

"청량산에서 만난 노승이 이 용광로 안의 모양이 '수미단'과 같다고 하였나이다."

"아! 그렇소?"

'수미단'은 불교에서 세계의 가운데 있다는 산인데, 도면에 그 형상이 자세히 그려져 있었다.

실로 글로 설명된 것보다 형상이 더 자세하였다.

그런데 석상의 내부에서 용탕이 끓는 형상이, 수미단의 형상과 같다는 것이었다.


## 2. 연오랑 세오녀


반월성 앞 넓은 들판에 여왕과 신하들과 장수들이 화강암으로 만든 구조물을 둘러보고 있었다.

여왕이 가까이 가서 물었다.

탑을 지으며 함께 시도한 작업이었다.

황룡사 건너편 넓은 구릉에 몰래 짓고 있는 야철장의 역사였다.

야철장을 만드는 일은 대내외적으로 비밀을 유지해야 하는 일이었다.

"당나라의 사문관들이 우리의 의도를 알지 못하게 하였소?"

"그들은 불사를 일으키는 줄로만 알고 있사옵니다."

"그러게 말이오. 9층탑을 짓지 않았으면 금방 알아차릴 뻔했소."

"탑만 짓는 줄 알고 있사옵니다."

"돌은 틀림없는 것으로 하였소?"

"화강암은 억만 년 전에 용암이 식어서 된 것이라 용광로의 불길을 충분히 이기고도 남습니다. 이제까지 구운 벽돌로만 만들었던 용광로는 용출할 때마다 다시 만들어야 했는데 제작이 한 치라도 달라지면 용광로 안의 불길이 달라져 그 기능을 다하지 못하여 어려웠나이다."

"참으로 장한 일이오. 이 화강암으로 만드는 용광로만 성공하면 우리는 많은 무쇠를 효율적으로 생산하게 되오. 일을 도운 자들과 죄수들에게 응분의 보상을 할 것이오."

여왕은 그들을 격려하며 거대한 야철장 공사현장을 둘러보았다.

이곳에 야철에 관련된 여러 시설이 세워지고 있었다.

참으로 어려운 공사였다.

화강암으로 된 용광로 둘레에 목축을 세워 사다리로 연결하고, 옆구리에 난 구멍에 토관을 끼우는 작업을 하고 있었다.

여왕이 일자에게 물었다.

"저 토관은 무엇이오?"

"풀무 바람이 용광로로 들어가는 관이옵나이다."

"아! 그렇소?"

그러고는 또 물었다.

"이 공사의 모든 과정을 잘 기록하였소?"

"엄청난 양이옵나이다."

"그것을 어디에다 보관하면 좋겠소?"

그러자 자장이 새로 판 연못 안에 있는 누각을 가리켰다.

"저기 월지에 세워진 누각 안에 보관하올까 하옵나이다."

여왕이 손을 휘두르며 말했다.

"그렇게 하시오. 500년 전 아달라왕께서도 세오녀가 왜국에서 보내온 기록을 도구 일월지의 귀비고에 보관시켰다오. 언제한번 일월사당에 가보아야 할 텐데….."

그러고 보니 500년 전 아달라왕 때의 일이었다.

철기생산의 정기를 가졌던 연오랑과 세오녀가 왜국으로 가는바람에, 아니 왜인들이 두 사람을 데려가는 바람에 신라의 용출정기가 끊어진 사건이 있었었다.

당시 지혜로운 아달라왕이 철기생산의 정기를 가진 두 사람을 소환했지만 왜국에서 이미 터를 잡고 왕이 되어 귀환할 수 없는 몸이었다.

왜국에 있던 세오녀가 비단 폭에 용출의 과정을 기록하여 신라에 보내옴으로 신라에서 다시 용출 정기를 되살릴 수 있었었다.

그 덕에 지금까지 신라의 국권을 지킬 수 있었던 것이었다.

당시 아달라왕은 그 소중한 기록이 적힌 비단을 화마가 미치지 않도록 영일 도구의 일월지 가운데 귀비고 누각을 세워 보관하게 했던 것이었다.

여왕이 그러한 일을 상기시키면서 자장에게 모든 공정을 자세히 기록하여 남길 것을 명했다.

중요한 기록들을 월지 가운데 세운 누각에 보관하라 했다.

왕이 황룡사 쪽으로 고개를 돌리니, 탑이 우람하게 하늘을 찌르며 올라가고 있었다.

"탑도 거의 다 완성되어 가는군요."

"그러하옵나이다."

"팔관회도 준비하도록 하시오."


## 3. 서기644년, 백제 의자왕

서라벌의 황룡사 터에 탑을 세우는데 백제의 아비지의 주도로 공장 200여명이 매달려 높은 목탑을 세운다는 것을 안 의자왕은 중신을 불러들었다.

"지금까지 백제가 신라에게 수세에 몰린 까닭을 모르겠다."

등극하자 몸소 나아가 신라와의 변경에 있는 40여개의 성을 함락시키자 기고만장하였다.

그 기세를 몰아 8월에 장군 윤충이 대야성을 함락시킨 것이었으니 그럴 만 하였다.

"서라벌의 황룡사 터에 높은 목탑을 세운다고 하는군. 아비지가 알려온 바에 의하면 '흥하고 망할 일'이라고 하는데 무슨 말인고?"

탑을 세우고 있는데 '흥하니 마니' 하는 게 알 수 없어서 물었다.

"황룡사는 진흥왕대에 신궁을 지으려다 황룡이 나왔지만 캘 방도를 마련하지 못해 절로 삼아 오늘에 이르고 있사옵나이다."

"좀 알기 쉽게 말하라!"

"황룡은 사철 중에 가장 뛰어난 것이 온데 그것을 캐 올리려 탑을 세우고 있는 모양입니다."

"사철을 캐 올리는데 '흥하니 마니' 하는 까닭을 묻고 있다."

"그리되면 신라의 국력이 하루아침에 급신장되어 주변나라를 제압할 힘이 생기기 때문입니다."

의자왕은 수긍은 갔지만 믿기지는 않았다.

"탑을 못 세우게 하려면 어찌해야 하는가?"

"변방을 흔들면 그러한 공사를 할 여유를 갖지 못할 것이옵나이다."

"고구려에도 이 사실을 알리어 협공을 하도록 하여야 할 것이다."

국경을 적극적으로 공략하면 감히 그러한 공사를 할 겨를이 없을 것이라는 것이었다. 우선 군을 국경에 집결시켜 공략하면서, 고구려에 이 사실을 알렸다.

백제가 그러한 사실을 고구려에 알리자, 연개소문도 군사를 몰아 신라의 북변을 공략하여 신라는 2개성을 점령당한다.


## 4. 승승장구

황룡사 대역사를 지켜보고 있던 여왕은 백제와 고구려의 도발을 접하고는 당황스러웠다.

"압량주 군주 김유신은 백제의 공략을 막고, 춘추는 당으로 가서 고구려의 도발을 멈추게 도와달라 하라!"

9월에 왕이 유신을 상장군으로 임명하여 백제를 막게 하니, 김유신은 백제에 크게 이겨 도리어 일곱 개의 성을 차지하였다.

춘추도 성과가 있어 당나라가 고구려를 공략하기에 이르렀다.

유신이 다음해 정월에 점령지를 다독이고 돌아오든 중에 또 백제 대군이 매리포성을 공격한다는 급보가 전해졌다.

왕이 이를 듣고 유신에게 명을 내려, 나아가 막아라했다.

김유신은 즉시 말머리를 돌렸다.

바로 나아가 백제군 2천의 수급을 베고 격퇴했다.

3월에, 전선에서 돌아와 왕에게 복명하던 자리에서 또 백제군이 도발할 징후가 있다는 급보가 있었다.

"수고로우나 적이 침공하기 전에 방비하여 주오."

여왕이 이렇게 당부하니 집에 들르지 아니하고 군사를 조련하고 병장기를 추슬러 서쪽 변경으로 갔다.

그러한 때, 집안사람들이 모두 나와 있었는데도 쳐다보지 않았다.

오십 보쯤 지나쳐 마실 물을 가져오라고 하여, 물을 마시고는 "우리 집 물맛이 그대로다" 하였다.

김유신이 국경에 다다르자 백제 군사가 감히 다가오지 못하고 물러갔다.


## 5. 여왕의 치하

국경수비를 안정시키고 왕경으로 돌아오자 왕이 치하하였다.

"유신공 덕분에 황룡사 탑이 완성되어 엄청난 사철이 채굴되고 있소. 그것이 첨성대에서 쇳물로 용출되고 있소."

"경하 드리옵나이다."

"공이 국경의 수비를 잘 해주어 백성이 생업에 종사하고, 나라의 대사가 순조로이 이루어진 것이오."

"신은 명을 따랐을 뿐이옵나이다."

"백제와 고구려의 의도가 탑 건립을 막는데 있었소!"

"황공할 따름이옵나이다."

마침 용춘공과 자장도 알현하고 있던 차였다.

자장이 나서서 말했다.

"청량산 선인이 황룡사 구층탑을 세우면 아홉 나라가 굴하여 조공할 것이라 하였사옵나이다."

"보오. 유신공이 외침을 막아주지 않았으면 이룰 수 없었던 일이오!"

"황공하옵니다."

용춘공이 칙서를 들고 있다, 여왕에게 아뢰었다.

"하교하신 바를 어찌하올까요?"

"짐이 바로 내리리오."

용춘공이 들고 있던 칙서를 왕에게 건넸다.

"압량주 군주 김유신에게 소판의 벼슬을 재수하노라!"

유신이 그 말을 듣고는 무릎을 꿇어 부복하여 성은에 감복하였다.

"황공, 황공무지로소이다."

"오백호의 식읍도 내리도록 하오."

이 소식이 나라 안팎에 전해지자 기뻐하는 자들도 있었지만, 시기하는 자들도 있었다.

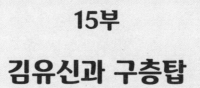

# 15부

# 김유신과 구층탑

# 김유신과 구층탑

## 1. '삼색목단'

돌로 된 용광로인 첨성대 내부를 보면 외부와 달리 미끈하게 다듬어져있지 않다.

이는 불에 잘 견디는 내화 흙을 바르기 좋게 함이었다.

고온을 유지하고 로의 구조물이 파손되지 않도록 지켜주는 역할이었다.

화강암을 쌓아간 구조를 보면 엄청난 열기와 압력에 견딜 수 있게 만들어져있다.

얼마나, 몇 번이나 내화 흙이 견디는가만 문제였다.

용광로의 내면은 불길과 동시에 뜨겁게 용해된 물질이 치솟아 오르면서 닿기도 하므로 안쪽 표면 강도가 유지되어야 했다.

뿐만 아니라 철광이 쇳물로 환원되어지려면 최적의 요건이 요구되었다.

돌로 만든 용광로에 인부들이 황룡사에서 실어 온 철광을, 검은 석탄 숯과, 구운 회를 넣고 있었다.

언제 닦았는지 돌이 깔린 길이 황룡사까지 이어져 있었다.

자장이 여왕을 용광로 앞으로 안내했다.

여왕이 질통을 진 인부들이 사다리를 타고 오르내리는 것을 보고는 물었다.

"무얼 넣고 있소?"

"철광과 구운 회와 석탄 숯이옵니다."

여왕은 자장의 말을 듣고 감회로운 표정을 지으며 말했다.

"그것을 삼색목단이라 하오!"

"네?"

주위에 있던 신하들도 여왕이 하는 말을 들었으나 무슨 뜻인지 몰랐다.

여왕은 얼마 전에 당 태종이 보내온 삼색 목단 그림과 삼색 목단 씨앗 석 되를 받았다. 사신이 궁궐 안에 목단 씨앗을 뿌려 꽃을 피우라고 했다.

궁궐에 목단 꽃이 만발했는데 삼색 목단이었다.

당 태종이 황룡사에 관한 첩보를 보고받았을 때에는 이미 탑이 완성되어 가고 있었다. 세우고 있는 탑이니 어쩔 수 없지만, 용출 작업은 하지 말라는 경고를 삼색 목단의 그림과 씨앗을 보내 알렸다.

왕은 바로 뜻을 알아차렸지만 신하들의 물음에 자신이 혼자인 것을 빗대어 보낸 것이라며 엉뚱한 답을 했었다.

신하가 그러한 물음을 했을 때에 당나라 사신이 함께 있었기 때문에 그러한 뜻을 모르는 척했던 것이었다.

"신하들과 제후들이 왕께서 불을 댕기기를 기다리고 있사옵나이다."

"어디다 하면 되는가?"

"이곳 이옵나이다."

여왕은 일자가 준비한 막대 끝에 붙은 불을 용광로의 관솔에 댕겼다.

곧이어 풀무질이 시작되자 관솔의 불이 곡수에 옮겨 붙기 시작했다.

여왕은 제단을 차려 놓고 이틀을 기도했다.

밤이 되자 용광로에서 튀어나오는 불꽃이 마치 하늘에서 별들이 생겨나며 흩어지는 성운과 같았다.

이제까지는 철광을 용융시켜 알을 만든 후, 환원로를 거쳐야 무쇠가 되었는데, 이러한 분리공정이 한꺼번에 이루어졌다.

이는 참으로 신기한 일이었다.

철광에 섞인 불순물이 먼저 흘러나오고 용탕이 아래에 고여 아랫부분을 뚫어주면 쇳물만 흘러나오는 것이었다.

이도 황룡이 순도가 높은 철광이었기에 가한 일이었다.

이런 용출법을 시도한 이가 있었다.

원효는 항사사에서 혜공과 용출법을 새로 알아내었는데 순도 높은 철광으로 환원이 바로 일어나게 했던 것이었다.

그래서 이러한 공법을 시도했던 '항사사'를 '오어사'로 변명하였더랬다.

그러나 로가 흙벽돌로 만들어져 용출할 때마다 새로 만들어야 했기에 상당히 힘들었을 뿐 아니라 만들 때마다 형상이 달라지는 관계로 실패가 잦아 실용성이 문제가 되었다.

자장이 가지고 온 용광로 도면은 이러한 난점을 모두 해소시켜주는 것이었다.

그러한 공법을 원효와 혜공이 스스로 알아내었다는 것도 실로 대단한 일이었다.

'오어(吾魚)', 즉 '스스로 알아낸 용출법'을, '내 고기'라고 하는 바보스러운 자도 있었다.

## 2. 석로의 이름

다시 하루가 지나 풀무관이 이어진 아랫부분에 구멍을 내자 불꽃을 튕기는 쇳물이 흘러내렸다. 형틀에 받아 여왕 앞으로 가져왔다.

"와! 성공이다!"

"짐이 약속한 바와 같이 일을 도운 죄수들의 죄를 모두 감해 주도록 하고 고생한 노비들도 모두 해방시키도록 하라. 노비를 잃은 귀족들에겐 짐이 무쇠의 분배량을 더 늘여 줄 것이다."

"여왕 폐하 만세."

선덕여왕의 하명에 신하들은 어리둥절하였고, 노비들은 일손을 놓고 환호했다.

전혀 예상치 못한 일은 아니지만 과연 여왕이 그러한 약조를 지켜줄 것인지에 대해서는 여러 말들이 있었지만 항상 그러했듯이 기대하지는 않았던 것이었다.

그래서 어떤 이들은 덩실덩실 춤을 추기도 했다.

노비를 잃은 귀족들에겐 무쇠의 분배권을 늘여줌으로써 그들의 불만을 달랬다.

연기가 자욱한 들판에 환호성이 가득했다.

"석로의 이름을 무어라 하올까요?"

여왕은 지난밤에 불꽃이 성운처럼 날리던 것을 떠올렸다.

" '첨성대'라 하라!"

## 3. 고석사의 괴석

"할 말이 있소."

왕이 자장에게 할 말이 있다고 했다.

"하명하시옵소서."

"법사가 서역에 가고 없을 때에 일이었소. 동녘에서 이상한 서광이 비치어 사람을 보내 알아보라 하니 괴석에서 나는 빛이라 하였소.

철광도 아니고 동도, 은도, 금도 아니었지만 광물이라 궁금하여 용융하여 무쇠와 같이 녹여보라고 하였소. 아니나 다를까 쇠의 성질이 강하게 변하였소이다.

암자를 지어 고석사라 이름하고 채굴을 맡아하라고 했소. 다음 용출 때에는 그 괴석을 황룡과 같이 넣어 봄이 어떠하리오."

자장은 여왕의 영명함에 놀랐다.

기술을 몰라도 가는 길을 볼 줄 아는 혜안은 아무나 가지는 것이 아니었다.

이러한 검은 광물을 어찌 강쇠를 만드는데 쓰이는 물질인지

어떻게 짐작이나 했단 말인가!

"놀라울 따름이옵나이다."

"실은 유신공의 제안이 있었소. 전 왕대에 강쇠를 만드는데 쓰인 단석이 고갈되어지자 땅꾼들을 시켜 찾아보라 하였었소. 그러다 망해산에 이상한 괴석이 빛을 발하고 있다하여 채굴해 보라 일렀었소."

기록에 의하면 「신라 선덕여왕 7년(서기638년) 어느 날, 동쪽에서 세 줄기 빛이 날아와서 3일간 계속 궁궐을 비췄다. 이를 이상하게 여긴 여왕은 사람을 시켜 빛이 시작된 곳을 조사하도록 하였다. 사자가 서기(瑞氣)가 발하는 동쪽 방향으로 찾아가 보니 그 빛은 장기면 방산리 망해산의 한 괴석에서 발하고 있었다. 왕은 태사관에게 어떻게 하는 게 좋겠느냐고 물었더니 그 괴석을 부처님으로 모시고 절을 지으면 나라가 평화로울 거라고 말하였다. 그래서 분황사 주지인 혜능국사에게 그 바위를 깎아 불상을 만들고 절을 짓도록 하였다.」고 한다.

괴석의 성상은 검고 광채를 띠고 있었다.

그렇다면 원향선사가 지나치면서 말하던 '망간'이라는 괴석이 아닌가 싶었다.

"괴석은 윤이 나는 광물이오. 이를 무쇠와 합치면 강한 쇠로 변한다오"라는 말을 했지만 그리 대수롭지 않게 들었던 것이었다.

그런데 왕이 괴석을 발견한 이야기를 하고 있다.

## 4. 석빙고와 포석정

어찌하였던 강쇠를 만드는 마지막 공정은 찬물에 담금질을 하면서 두드려야 했다.

얼마나 찬물이냐에 따라 그 강도가 달랐는데 겨울은 그렇다 치고 여름에는 미지근한 물밖에 없어 담금질이 제대로 되지 않았다.

"유신공이 석빙고를 지어야 한다고 하였소. 마지막 공정인 담금질을 하려면 겨울을 기다려야 하니…."

여왕이 말을 흐리자 자장이 아뢰었다.

"석빙고라 함은?"

"얼음 창고를 말함이오. 여름에도 그 얼음을 쓰면 찬물을 얼어 담금질을 할 수 있다는 것이오."

"그리하여…."

자장이 말끝을 흐리자 왕이 물었다.

"법사가 맡아 지워보오."

자장은 석빙고를 지으라는 왕의 명에, 장안 궁궐의 후원에 있던 포석정 생각이 불현듯 났다.

"'포석정'을 만들어 찬물의 쓰임을 극대화 시킬까 하옵니다."

"'포석정'은 무엇이오?"

"물이 돌게 만든 석정을 말함이옵나이다."

"말만 듣고는 모르겠소. 어서 만들어 보오."

왕이 '석빙고'와 '포석정'을 만들라 명했다.

포석정이 만들어지자 이를 둘러 본 여왕이 감탄했다.

'아! 그것이 연회에 쓰이는 것이 아니라 찬물을 돌게 만든 것이었군!'

이후 석빙고와 포석정이 있는 곳이 곧 병기공창이 된 것은 두말할 나위가 없었다. 그렇게 만들어진 강한 무기를 든 신라병사에게 백제나 고구려가 이길 수 없었다.

석빙고가 완성되자 겨울에 강의 얼음을 잘라 보관했다.

봄, 가을은 물론이고 여름이 되어도 녹지 않았다.

얼음을 포석정의 귀두에 두니 찬물이 저절로 돌았다.

장인들이 둘러서서 달구어진 화살촉이며, 창촉, 칼날을 담금질하는 작업을 했다.

어떻게 만들었는지 물이 저절로 돌았다.

어느 더운 여름날, 궁인이 여왕이 더워하는 것을 보다 못해 아뢰었다.

"석방고의 얼음으로 시원한 화채라도 만들어 올릴까 하옵나이다."

여왕이 궁인의 말을 듣고는 대노하여 말했다.

"나라를 지키는 병기를 만들기 위해 보관하고 있는 얼음으로 화채를 만들 생각을 하다니, 석빙고의 얼음을 한 점이라도 헛되

이 쓰면 엄벌하리니 그리 일러라!"

궁인은 더워하는 여왕을 위해 화채를 만들어 올릴까하다 혼쭐이 났다.

신하 중에도 그러한 생각을 하던 자가 적지 않았었다.

대역사는 그리 쉬운 것이 아니었다.

황룡사 탑이 올라가서 지하에 묻힌 황룡이 채굴되어 도르래를 타고 끊임없이 올라왔다.

첨성대에선 올라 온 철광으로 쉼 없이 쇳물을 용출시켰다.

예로부터 신라는 신국(神國)이었다.

신국의 근간은 철광의 소유와 무쇠의 처분권을 누가 가지는 것이냐는 것이었다.

철광의 소유권은 6부 촌장에게 있지 않았다.

애초부터 혁거세 왕과 아리영 가솔들이 '갈문왕'이라는 명목으로 광권을 소유했다.

오직 성골만이 무쇠의 처분권을 행사할 수 있었다.

그래서 신라는 신국이었다.

황룡사 탑과 첨성대의 거사는 상당한 의미를 부여했다.

그러나 왕실에서는 걱정거리가 있었다.

건국 이래로 최다의 무쇠를 용출하게 되어 가장 강한 왕권을 행사할 수 있게 되었는데도 성골에 남자가 없어 왕권을 이어갈 수 없게 된 것이었다.

황룡을 가진 자가 새로운 시대의 참 왕이 될 수도 있음이었다.

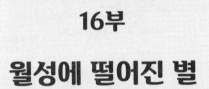

# 16부

# 월성에 떨어진 별

# 월성에 떨어진 별

## 1. 비담의 난

선덕여왕 16년 서기647년, 대신 비담과 염종이 난을 일으켰다.

그들은 명활성에 군사를 주둔시키고, 월성을 넘보았다.

여왕이 병석에 있었다.

비담은 가장 높은 관등에 있는 귀족이니 누구보다 이러한 사정을 잘 알고 있었다.

왕을 진맥하고 나온 전의를 만나 물었다.

"어떤가? 여왕의 병세가."

"보름을 넘기기도 어렵습니다."

"너무 애쓰지 말게나."

전의를 보내고 나서 수하인 염종을 만났다.

"지체할 수 없네."

"유신이 문제입니다."

"자객에겐 연락이 없는가?"

"접근도 못한 것 같습니다."

"동조자는 몇이고, 군사는 어떤가?"

"관등을 가진 자가 서른이고, 수하 군사들도 몇 천은 되옵니다."

"신속하게 월성을 점거하고, 어떠하든 유신을 제거하면 되네."

"거점은 어디로 정할까?"

"처음 정한 명활성으로 하는 것이 좋을 듯합니다."

"연통을 하게나."

비담은 그리고 나서 명활성으로 갔다.

신라에서 가장 높은 관등인 상대등인 자신은 그저 허수아비로 있고, 왕과 춘추와 유신이 모든 것을 휘어잡고 있었다.

심지어 왕명이 자신을 거치지 않고 내려가기 일쑤였다.

이러다간 나랏일은 물론이고 온 나라를 신군부를 낀, 유신과 춘추에게 넘겨주어야 할 판이었다.

어쩌면 김유신이 왕권을 차지할지도 몰랐다.

동조자를 찾으니 의외로 많았다.

권력의 중심에서 밀려나길 두려워하는 자들은 새로운 권력의 중심으로 들어가 지금보다 더 권력을 가지길 원했다.

실은 황룡사 탑에서 올라오는 막대한 사철도 욕심이 났다.

"여왕의 명이 다해간다!"

"사졸들도 모두 관등을 줄 것이다."

비담이 종용하니 사졸들도 많이 모였다.


## 2. 떨어진 유성

제법 큰 유성이 월성에 떨어졌다.

이를 본 비담이 "본시, 별이 떨어진 곳에 있는 편이 멸한다"고 선동하자 사졸들이 다 이긴 것 같이 환호하였다.

반면, 월성 수비대는 사기가 떨어졌다.

여왕도 병중에 별이 월성으로 떨어져 내렸다고 하니 한숨을 쉬었다.

유신이 달려가 여왕께 아뢰었다.

"길흉은 정해져 있는 것이 아니라 마음먹기에 달렸습니다. 덕이 요사함을 이김이니 변괴에 마음 두지 마옵소서."

유신이 왕을 위로 하고 별이 떨어진 자리에 백마를 잡아 천지신명에게 고하였다.

"비담은 난신적자이옵나이다. 악이 선함을 이기지 못한다는 천명을 밝혀주옵소서!"

그리하여도 안심할 일이 아니었다.

큰 연등을 만들라 명하여 밤이 어두워지자 이를 하늘로 띄웠다.

"어제 떨어진 별이 하늘로 올라간다!"

유신이 연등이 오르는 것을 보고 소리치니, 사졸들이 함께 환호하였다.

월성에서 나는 환호를 들은 명활성의 사졸들은 지난밤의 별이 다시 하늘로 올라가는 것을 보고는 기가 죽었다.

유신이 이 틈을 놓치지 아니하고 성을 나가 명활성 아래에서 소리쳤다.

"사졸들은 들어라! 우리는 한 형제이다. 비담의 간계에 속고 있는 것이니 항복하는 자에게는 잘못을 묻지 않겠노라. 나서서 성문을 열어라!"

그러고 있는 중에 사방에서 원군의 함성이 들리자 반군의 사졸들이 기겁하여 성문을 열어 항복하였다.

더러는 줄행랑을 치는 자도 있었다.

월성 군사들이 나와 도망치는 반군을 쫓았다.

월성 수비군이 반군을 쫓으며 주살하자 유신이 명했다.

"사졸들은 죽이지 말라!"

유신이 명하자 도망치던 반군 사졸들은 병장기를 버리고 주저앉아 살기를 청했다.

비담과 주동자들이 도망가매, 수비군이 쫓아 잡았다.

유신이 쫓아와 포박된 비담의 목을 날려버렸다.

서른 여명은 옥에 가두었다.


## 3. 진덕여왕의 등극

유신이 승전을 보고하러 갔을 때, 안타깝게도 이미 선덕여왕은 눈을 감은 상태였다.

용춘공이 나서서 말했다.

"유지가 계셨소."

"누구 시온지요?"

"승만공주님이시오."

다행스런 일이었다. 후계가 정해지지 않는다면 더한 혼란이 있을 수 있었다.

"유신공은 왕경을 추스르고 변경을 경계해 주오. 귀족과 중신들이 입궐하면 유지를 공포할 것이오."

"춘추공은 승만공주님을 모시고 오시오!"

서기647년. 신라 제28대 왕으로 진평왕의 친아우 딸인 승만, 진덕여왕이 등극했다.

진덕여왕은 선덕여왕의 사촌동생이다.

이는 선덕여왕의 유지에 의한 것이었다.

진덕여왕이 처음 처리해야 할 일이 반란에 가담한 주동자들의 처결이었다.

비담은 죽었지만 무리들은 옥에 갇힌 채, 새 왕의 등극을 맞았다.

"유신은 들어라! 비담의 구족은 멸하고, 동조자는 모두 처형하라!"

모두가 단호한 신왕의 명에 놀랐다.

돌아보면 모두가 왕실의 인척간이었다.

평소성정으로 보아 관대한 처분이 내려지리라 기대했었다.

그런데 때 아닌 서릿발이 내렸다.

"알천을 상대등에 임명한다!"

알천을 상대등에 삼으면서 귀족회의의 흔들림을 막았다.

왕은 왕경의 경계는 유신에게, 외교는 춘추에게 맡겼다.

## 4. 비녕자의 죽음

진덕여왕이 등극한 그해 10월에, 백제의 대군이 국경의 중심부를 공략해 왔다.

신라의 혼란을 틈탄 공략이었다.

"유신공은 군사 일만을 거느리고 대항하라!"

왕은 신속히 명했다.

유신이 전선에 이르니, 짐작과는 달랐다. 백제군은 잘 조련된 정예군이었다.

각 고을에서 징집한 신라군은 상대가 되지 않았다.

몇 차례 대적해 보았지만 이길 수가 없었다.

유신의 수하 장수인 비녕자는 아들과 시종을 데리고 참전하고 있었다.

나라와 집안을 위해 죽음을 불사할 의기가 보였다.

유신이 비녕자를 따로 불러 술잔을 내밀었다.

"이 난국을 어찌해야 될 것이오."

비녕자는 유신이 건네는 술잔을 비우고는 말했다.

"불씨가 없으면 불이 붙지 아니하옵니다."

"…"

유신이 아무런 말이 없자 그가 말을 이었다.

"소장이 나서겠사옵니다."

그리고 일어나서 자신의 막사로 갔다.

비형자는 막사에 들어서자 기다리고 있던 시종에게 말했다.

"내가 나설 것이다. 아들이 이를 보고 따르면 아니 되니 말리도록 하여라. 너도 마님을 잘 위로해 드리도록 하라!"

그리고 나서 말을 달려 적진으로 향했다.

단신으로 적진을 뚫어 몇 차례 교합하더니 말에서 떨어졌다.

이를 보고 있던 아들이 말에 타려하니 시종이 잡아 말렸다.

"도련님, 주인어른께서 마님을 부탁드린다고 하셨습니다."

아들은 시종의 팔을 세차게 뿌리치고 말을 달려 아비가 쓰러져 있는 적진으로 돌진하였다.

이를 본 시종도 따라 적진으로 갔다.

이 세 사람의 장렬한 전사를 본 신라 군사들은 서로 앞 다투어 진격하여 적의 예봉을 꺾었다.

유신은 백제군을 물리친 후, 이 세 사람의 시신을 수습하여 자신의 옷으로 덮어주고는 슬피 울었다.

왕도 이 소식을 듣고 울었다.

나라에서 장지를 정해 세 사람을 합장하여 주고, 처자와 구족에게 후한 상을 내렸다.

백제군영에서는 비형자의 시신을 두고 김유신이 눈물을 흘린 일과 왕이 그들을 위해 합장하고 유족에게 크게 상을 내렸다는 소문을 듣고는 부러워들 하였다.

## 5. 춘추와 당 태종

진덕여왕은 백제의 도발이 진정되자 춘추를 들라했다.

백제를 그대로 두어서는 아니 될 일이었다.

춘추가 들자 왕은 의외의 명을 내렸다.

"고구려에 간 일은 잊으오. 나랏일에 사사로운 원한을 갚기를 앞세우지 마오. 그렇다고 원수를 잊으라는 것은 아니오. 짐도 고타소의 미소 진 얼굴을 지울 수 없소. 공은 당 태종과는 죽마고우와 같다고 들었소. 당에 가서 백제를 칠 군사를 청하고 오오."

왕이 당 태종을 칭송하는 글을 지어 춘추에게 보냈다.

당 태종은 춘추공을 맞으며 오래 된 형제가 돌아온 것처럼 기뻐하였다.

"짐의 몸이 예전과는 다르오."

"살피시옵소서."

"백제가 짐의 말도 듣지 아니하오."

"어찌 하올까요?"

"귀국에 김유신이란 장수가 능히 백제를 멸할 수 있지 아니하오?"

"이름은 날리고 있사오나 천자의 도움이 없이는 불가하옵나이다."

"짐이 돕지 아니하면 아니 된단 말이오?"

"그러하옵나이다."

"공의 의도대로 도울 것이오."

"중차대한 일이오라… ."

"칙령을 내릴 것이오."

"황공하옵나이다."

"허허허. 짐과 공은 전생에 형제인 모양이오."

당 태종은 춘추가 오자 그저 기분이 좋았다.

말동무도 되고, 술동무도 되었다.

그가 백제를 공략하자고 하니, 그러자고 하였다.

그리고 칙서를 내려 약조하였다.

"철저히 준비시킬 것이니 걱정 마오!"


## 6. 당 태종의 죽음

당 태종 이세민은 서기649년 7월에 51세의 나이로 생을 마친다.

춘추의 청병을 허락하고 난 다음 해다.

당 태종이 급서하자, 백제는 신라를 더 괴롭혔다.

뒤를 이어 등극한 당 고종이 이를 중재하기 위해 백제에 사신을 보냈지만 무시했다.

　당 고종은 선왕의 유지를 받드는 것도 그렇지만, 백제에게 자신의 권위가 먹혀들지 않는 것에 분노했다.


## 7. 유신의 칩거

　유신은 비형자의 덕으로 백제를 제압하고는 한동안 칩거하였다.

　한동안이라 해야 몇 달 정도였다.

　백성과 군사들은 국경이 조용하자 오히려 칩거하고 있는 유신공의 동태에 관심을 두었다.

　신라를 정탐하고 있는 백제 첩자들도 이러한 일을 놓칠 리 없었다.

　"김유신이 몇 달 동안 칩거하면서 담 넘어 풍악소리가 들리고, 기생들이 들락거리고 있습니다. 뿐만 아니라 이를 본 신라 백성들이 '이젠 장군도 믿을 수 없다'며 술렁거리고 있습니다."

　이를 접한 백제에서는 당분간 김유신이 움직이지 않을 것이라 여겼다.

　국경의 수비를 느슨하게 하고 장수들도 허리띠를 풀었다.

김유신의 칩거가 길어지자 심지어 신라 군사들도 '장군이 도대체 뭘 하시고계신가?' 하고 술렁거리기까지 했다.

이러한 정황을 파악한 유신공은 왕에게 나아가 아뢰었다.

"신의 불충을 용서하시옵소서. 백제에게 원을 풀기를 노심초사하고 있었나이다. 군사들이 충분한 휴식을 가졌으니 출병을 할까하오니 윤허하여주시옵소서."

왕은 그간 잠잠한 것이 오히려 낫다고 생각하고 있었다.

"백제는 우리보다 더 강성한 군을 대야성을 중심으로 배치하고 있지 아니하오?"

유신이 한걸음 나아가 무릎을 꿇어 아뢰었다.

"군사의 수와 강성의 정도가 승패를 좌우하는 것이 아니옵나이다. 오직 충정과 민심의 향방이 필승을 이룰 것이옵나이다. 저들이 소장의 나태함을 파악하고 방심하고 있다고 하옵나이다. 이를 기회 삼을까 하옵나이다."

유신이 간절히 청하자 왕이 윤허하였다.

"그리하오!"

## 8. 대야성 탈환

대야성을 되찾기란 쉬운 일이 아니었다.

몇 차례 공략하다 패한 척 하여 군사를 물리자, 백제군이 성에서 나와 패주하는 신라군을 쫓아왔다.

그러자 신라군은 군사를 매복시킨 옥문곡에 이르러 협공하여 백제군을 섬멸하고, 빼앗긴 대야성을 다시 찾았다.

공을 세우려 다투어 달려 나온 백제장수 8명도 생포하였다.

"너희는 품석공과 고타소랑의 유해를 인도하라! 그리하면 포로로 잡아 둔 8명의 장수를 돌려줄 것이다."

이러한 김유신의 제안을 받은 백제에서는 왈가왈부하다, 결국 유골을 관에 담아 보내왔다.

"장수 8명을 돌려보낸다고 해서 전황이 달라질 것은 없다."

김유신은 이리 이르고 포로들을 풀어주었다.

딸과 사위의 유골을 돌려받은 김춘추는 사력을 다해 애쓴 김유신에게 감사했다.

"해야 할 일을 했을 뿐이오. 모두 하늘의 도움이오."

이러한 말을 들은 춘추는 김유신의 손을 꼭 잡았다.

진덕여왕은 유신의 공을 치하하고, 이찬의 관등과 상주행군대총관의 지위를 제수했다.

# 17부

# 아! 김유신

# 아! 김유신

## 1. 김춘추의 등극

서기654년 진덕여왕이 붕어한다.

진덕여왕은 8년간의 재위기간에 실로 엉킨 실타래를 잘라 새
로운 시대를 준비했다.

그리고 제28대 왕으로 김춘추가 등극한다.

## 2. 백제충신 성충

백제 의자왕은 태자 시절 해동증자라 불릴 만큼 자질이 뛰어났었는데, 등극한 후에는 술과 여자에 빠져 국정을 살피지 아니하고 있었다.

백제의 신하 성충은 김춘추가 등극하였다는 소식을 접하고 의자왕에게 주청하였다.

"신라의 신왕 춘추의 뒤에는 김유신이 있사옵나이다. 그들은 필히 백제를 공략할 계책을 마련할 것이옵나이다. 더구나 신왕은 당 태종과는 형제와 같이 지냈던바 당과 함께 아국을 공략하겠다는 약조를 하였다고 하옵나이다."

성충이 아뢰자 의자왕은 내심 못마땅하게 여겼다.

의자왕의 내심을 알아차린 간신배들이 옆에서 부채질을 하였다.

"당 태종이 급서한지 몇 해가 지났는데 말도 아니 되는 주청이옵나이다."

"태평성대에 재수 없는 소리이옵나이다. 벌하시옵소서."

그러자 의자왕이 성충을 옥에 가두라 했다.

한편 김유신에게, 백제에 거짓 투항하여 좌평 임자의 종으로 있던 조미압이 와서 말하였다.

"백제의 내정은 엉망이옵나이다. 충신이 간신들에게 밀려 정국이 불안하옵니다. 백성들은 귀족들과 관리들의 횡포에 시달리다 못해 도서지방으로 살러가는 자들이 많사옵니다."

"아니 그래도 기다리고 있던 참이었소. 백제 의자왕의 친모인 선화공주를 빼닮은 무녀가 있으니 데리고 가서 그대의 주인인 좌평 임자가 의자왕에게 천거하도록 하오."

김유신은 백제로 돌아가는 조미압에게 무녀 금화를 동행시켰다.

조미압은 백제로 돌아가 자신의 주인인 백제 좌평 임자에게 무녀 금화를 데리고 왔다고 이른다.

좌평 임자는 무녀 금화를 의자왕에게 천거하였다.

의자왕은 어미를 닮은 무희 금화를 보자 금방 총애하였다.

뿐만 아니라 친모인 선화공주를 내친 귀족들에게 보란 듯이 궁중행사에 무녀 금화와 함께 하였다.

성충의 주청은 옥에 갇혀서 있으면서도 멈추지 않았다.

"가까이 하고 있는 무녀 금화는 국왕의 성정을 어지럽게 하기 위해 신라에서 보낸 여우이옵나이다. 부디 멀리 하시옵소서. 그리고 … ."

그러자 성충에게 끼니를 주지 않았다.

굶어죽기에 이른 성충이 왕을 원망하지 아니하고, 충정어린 주청을 또 다시 올렸다.

"신라와 당이 반드시 아국을 침공할 것이오니, 육로로는 탄현을 사수하고, 수로로는 기벌포를 사수하여야 하옵나이다. 나아가 백강에 보를 설치하여 적군의 배가 거슬러 올라오지 못하게 하여야 하옵나이다."

왕이 그 말을 듣고는 웃었다. 왕이 웃으니 간신이 맞장구를 쳤다.

"흐르는 물을 막으면 나랏일이 막힌다고 하였사옵니다. 무슨 얼어 죽을 보(洑) 운운하는 것을 보니 완전히 정신이 나간 모양이나이다."

"허 허 허."

왕도 헛웃음으로 응대하였다.

얼마 후 성충은 굶어죽었다.

성충이 죽었다는 소식을 접한 의자왕은 아비가 죽은 것 같이 목 놓아 울었다.

궁인들은 왕이 거짓으로 운다는 것을 알았다.


## 3. 백제 오회사의 참극

서기659년, 현경4년에 백제 오회사(烏會寺)에 크고 붉은 말을 탄 괴한들이 나타나 절을 포위하여 절의 장인들을 주살하고 중요 시설을 파괴하였다.

'오회사'는 무기와 명광개라는 갑옷을 지어내고 있는 백제의 중요 병기창이었다.

당연히 그러한 것을 만들어내는 백제의 뛰어난 장인들이 모두 오회사에 모여 있었다.

이 오회사에 참사가 있었다.

'晝夜六時'라 했다. '육(六)'은 '여섯'이 아닌 '륙戮, (죽이다)'의 뜻이다.

오회사에 붉은 말을 탄 괴한들이 나타나, 절을 에워싸고 모두 죽였다.

무방비인 장인들을 모두 처참히 죽였다.

그리고 나서 중요한 설비마저 파괴하였다.

의자왕이 물었다.

"오회사에 무슨 일이 있었느냐?"

"절의 장인들이 술을 먹고 자기네끼리 싸움을 하여 부상자가 있었다고 하옵나이다."

그렇게 얼버무리고 바른대로 아뢰지 아니하였고, 왕도 더 알고자 하지 아니하였다.

백제 땅 깊숙한 곳에 자리하고 있는 '오회사'에서 일어난 일을 신라 자객들이 저지른 일이라고는 상상도 하지 못했다.

설령 그러한 의심이 들어도 일을 키우기 싫어하는 간신배들이 쉬쉬하였다.

불타고 파괴된 오회사를 고치고, 죽은 장인들의 장례와 유족을 돌보는 일에 어느 누구도 나서지 않았다.

그저 우연히 일어난 사건으로 치부해 버렸던 것이다.

이 사건은 상당히 중요한 일이었다.

백제의 우수한 병장기와 당과 왜에서도 탐내는 갑옷의 제작이 멈추어져 버렸던 것이었다.

서기660년, 현경 5년 2월에 여러 이상한 일들이 이어 일어났다.

유언비어가 퍼져 민심이 흉흉해졌고, 강물에 풀린 독으로 말미암아 고기가 죽고, 해변에서는 작은 물고기들이 뭍으로 올라와 죽기도 하였다.

우물이 핏빛으로 변하고, 심지어 사비수에서 큰 고기가 죽어 떠내려 오기까지 하였다.

4월에는 개구리 수만 마리가 나무 위에 모여들었다.

백성들이 아무 이유 없이 놀라서 달아났는데, 마치 누가 잡기라도 하는 것처럼 놀라서 엎어져 죽는 자들이 백여 명이나 되었다.

떼강도가 나타나 재물을 잃어버린 자들은 그 수를 헤아릴 수 없을 정도였다.

6월에는 왕흥사 스님들이 배가 큰 물결을 따라서 절 안으로 들어오는 것 같은 광경을 보았다.

들사슴처럼 큰 개가 서쪽에서 사비수의 언덕에 와서는 왕궁을 향해 짖었는데 얼마 후에 어디로 갔는지 알 수 없었다.

성 안의 개들이 길에 모여서 짖기도 하고 울기도 하다가 시간이 지나서 흩어졌다.

성 안의 백성이 이유도 없이 도망을 가고, 패를 지어 싸우다 서로 죽이기까지 하였다.

참으로 해괴한 일들이었다.

아무것도 모르는 백성들은 순간에 일어난 일에 대해서만 반응을 일으킬 뿐이었다.

이러한 일들이 누군가가 획책한 일들이라는 것을 짚을 이가 없었다.

왕궁에 간사한 자들이 들락거렸고, 나라의 기강을 책임지고 있는 좌평의 자리에 근본도 모르는 자가 임명되기도 하였다.

요상한 자가 궁에 들어와서 '백제는 망한다.'고 외치고는 땅을 헤집어 놓고 사라져 버렸다.

왕이 괴이하게 여겨 땅을 파보게 하였다.

석 자 정도 파 들어가자 '백제는 둥근 달이요, 신라는 초승달과 같다'라는 글이 쓰인 거북등 껍데기가 있었다.

무당에게 물어보자 "둥근 달이라는 것은 가득 찬 달입니다. 차면 이지러지는 법입니다. 초승달과 같다는 것은 아직 차지 않은 것입니다. 차지 않았으니 점점 차게 된다는 의미이옵나이다"라고 하였다.

그 무당을 죽여 버리고, 다른 자에게 다시 물으니 그와는 반대로 아뢰자 왕이 기뻐하였다.


## 4. 당 고종의 질문


신라 태종무열왕 김춘추가 당나라에 사신을 보내 백제를 칠 시기가 되었음 알리자, 당 고종이 김춘추의 아우인 김인문에게 물었다.

"짐이 파병을 허락한다고 하더라도 10만이 넘는 군사들이 쓸 화살촉과 무기들이 보충되어야 할 것이며, 오래 머물게 된다면 군량은 어떻게 조달할 것인가?"

"폐하, 무기 걱정은 아니 하셔도 되옵니다. 신라에서 수십만 군사들의 병장기를 보급할 수 있사옵고, 옛 가야 땅에서 나는 식량만으로도 수십만 군사가 두 해는 거뜬히 견디어 낼 수 있사옵니다."

"그렇다면 병장기와 군량 걱정은 하지 않아도 될 것이군."

"그뿐만 아니라 백제의 군창을 점령하면 더 많은 병장기와 군량을 획득할 수 있사옵니다."

"그런데 그러한 병장기를 언제 만들었으며, 어디에서 철이 조달되었는지 참으로 궁금하군."

"폐하, 황룡사에서 9층탑으로 끌어 올린 사철을 첨성대에서 용출하여 만들었사옵나이다."

당나라 고종은 당장 이해가 되지 않았지만 사철이 충분히 나서 엄청난 무기를 만들어 놓았고, 또 만들고 있다고 하니 대단한 일이라 여겨졌다.

"신라에 사철이 그리 많이 나는가?"

당나라 고종은 백제를 평정한 후에 신라도 취하면 이득이 있는 파병이라 여겨졌다.

"신라의 수장은 누구이며, 군사는 얼마나 동원될 것인가?"

"수장은 김유신이며, 동원될 군사는 5만이라 하였사옵나이다."

"김유신, 소문에 들던 그 장수인가?"

고종이 신하에게 물으니 그러하다고 아뢰자, 고개를 끄덕이며 아는 체하였다.

"신라왕과 태자도 출병한다고 하였사옵나이다."

"마땅히 그리하여야지."

"당나라 원병을 왕의 아우 김인문이 안내한다고 하옵나이다."

"흠."

당나라 고종은 여러 상황이 만족스러웠다.

신라에서 병장기와 군량의 보급이 확실하다는 것을 알고는 소정방을 필두로 13만의 군사와 배 1,300척을 동원하라 명했다.

신라의 기대보다 많은 병력을 동원한 것은 백제를 멸망시킨 후에 이루어질 일까지 대비하기 위함이었다.

## 5. 계백장군의 눈물

당나라 군선이 백제의 해안으로 다가오고 신라의 정예군이 국경을 넘어오자, 백제 의자왕은 급히 신하들을 불렀다.

"당나라 군선은 무엇이고, 신라의 정예군은 또 무엇이냐? 우리 군사들의 수가 더 많은데, 어떻게 이러한 도발을 할 수 있단 말인가!"

의자왕이 소식을 듣고 여러 신하들을 모아 싸워 지킬 수 있는 계책을 물었으나 의견이 분분하여 누구의 말을 들어야 할지 몰랐다.

"어찌해야 하오?"

어찌어찌 탄현과 백강에서 저지하고자 하는 전략을 결정했을 때에는 이미 신라와 당나라의 군사가 그곳을 지나고 있었다.

"좌평 성충이 탄현과 백강에서 적을 막으라고 하지 않았느나?"

"전하, 이미 당군의 군선은 백강 안으로 진입하였고, 신라군은 탄현을 넘어 황산벌에 진을 치고 있사옵니다."

왕은 성충의 충언대로 백강에 보를 만들지 않은 것이 후회되었지만 때는 늦어버린 것이었다.

"어서 계백을 들라 하라!"

의자왕은 전략이 물거품이 되자, 장군 계백에게 결사대 5천을 이끌고 황산으로 나아가 신라군과 싸우라 했다.

계백장군은 명을 받았지만, 5천의 결사대가 5만의 군사를 상대해 보았자 패할 것이 분명했다.

백제에서는 이미 패한 장수들에게는 승전하라는 왕명을 거역하였다면서 역적으로 몰아 가솔들마저 모두 참살하고 있었다.

참담한 일이었다.

계백장군은 자신이 전투에서 패하면 식솔들이 참살될 것이 눈에 보여 전장에 가기 전에 자신의 손으로 처자식의 목숨을 거두어버린다.

"부인 날 원망하지 마오. 저승에서 만나 함께 삽시다."

"아이들은… ."

부인이 목이 메여 말을 못하자, 철든 장남이 어미의 말을 이었다.

"어머니, 저희도 저승으로 따라 가서 함께 살면 되지 않습니까!"

어미가 아이들의 눈을 명주수건으로 가리고 자신도 눈을 가렸다.

장군이라 한들 어찌 눈물이 나지 아니하였겠는가.

차라리 눈물이 가려 보이지 않는 것이 나았다.

부하들이 모두 이러한 사실을 알고는 죽음을 넘어 신라군을 대적하여 네 번 싸워 모두 이겼지만, 병력이 적고 힘이 다하여 마침내 패하였고 계백장군도 죽었다.

## 6. 백제 멸망

신라 태종무열왕 7년(서기660년).

당나라 전선들이 밀물을 타고 꼬리를 물고 전진하여, 보병과 기병을 거느린 소정방이 곧바로 도성으로 달려가 30리 밖에 머물렀다.

의자왕은 모든 군사를 동원하여 막았지만 죽은 자가 만여 명이나 되었다.

당나라 군사들이 승세를 몰아 성으로 들이닥치자, 의자왕은 태자 융과 함께 북쪽 변방으로 달아났다.

소정방이 군사들에게 성을 넘어가 당나라 깃발을 꽂게 하자, 성을 지키던 왕자 태는 궁지에 몰려서 곧 성문을 열고 목숨을 빌었다.

이렇게 되어 의자왕과 태자 융, 왕자 태, 대신 정복이 여러 성과 함께 항복하였다.

소정방은 왕 의자와 태자 융, 왕자 태, 왕자 연 및 대신과 장사 88명, 백성 1만 2,807명을 당나라 수도로 보냈다.

처음 약속과 달리, 당에서 백제에 대한 통치권을 주장하게 되자 신라는 그 뒤처리에 대해 고민하게 된다.

당나라가 백제를 통치할 기구를 세우자 신라는 적이 당황하지만, 고구려를 멸할 때까지 당과의 관계를 잘 유지할 수밖에 없었다.

## 7. 김유신, 소정방을 구하다

서기661년 신라 태종무열왕 김춘추가 죽자 태자 법민이 왕위를 이어받는다.

이가 곧 문무왕이다.

백제 멸망 후, 당나라는 백제의 통수권을 확보하기 위해 획책

하였다.

당 고종은 소정방을 시켜 김유신에게 백제의 통수권을 줄 터이니 당나라의 신하가 되라고 회유하였으나 김유신이 단호히 거절했다.

당 고종은 김유신이 자신의 제안을 받아들이지 아니하자 창피하기도 하여 파병했던 군사를 철수시켰다.

당 고종은 그리고 나서 자신의 체신을 세우기 위해 소정방으로 하여금 고구려를 공략케 했다.

내심으로는 고구려를 공략하고 나서 신라를 짓누르면 될 것이라 여겼다.

그러나 이외의 상황이 벌어지고 말았다.

소정방이 고구려 땅 깊숙이 들어가자, 고구려군이 당나라군의 보급망을 차단해 버린 것이었다.

뿐만 아니라 고구려군은 후퇴하면서 한 톨의 식량도 남겨놓지 않았다.

군사들이 모두 굶어 죽게 되자 진퇴양난에 처한 소정방은 궁여지책으로 신라의 도움을 청해 보는 수밖에 없었다.

소정방은 신라의 신왕 문무왕이 당나라 조정과 오랫동안 교분이 있었고, 무엇보다 김유신은 의로운 이여서 당나라 군사를 굶어죽게 놔두지는 아니하리라는 실낱같은 기대가 있었다.

소정방의 급보를 받아본 신라 조정은 황당했다.

당나라 군사들의 식량을 보급해 주려면 그 양도 엄청날 뿐 아니라, 고구려의 국경을 넘어 당나라 군사들이 있는 곳까지 가려면 그야말로 목숨을 걸어야 하는 일이었다.

어전회의의 결론은 불가로 기울었다.

그러자 김유신이 나섰다.

"궁지에 몰린 당나라 군사가 오죽하면 불가한 일인 줄 알면서 도움을 청했겠나이까? 윤허하신다면 신이 직접 군량을 싣고 가겠사옵나이다."

감히 상상도 못할 작전이 전개되었다.

무엇보다 군량을 싣고 갈 군사들이 겁에 질려 나아가길 꺼렸다.

"나를 따르라!"

67세의 노장이 직접 선두에 서자 신라 군사들이 용기를 내어 고구려 국경을 넘었다.

김유신이 닿자, 소정방은 눈물을 흘렸다.

"장군, 이 은혜를 어이 갚으리오!"

"어서 군사들의 배를 채우도록 하오."

"장군, 이번은 물러가나 곧 함께 고구려를 공략하여 뜻을 이루도록 합시다."

"고맙소이다."

김유신이 가져다 준 군량으로 배를 채운 당나라 군사들은 무사히 돌아 갈 수 있었다.

오히려 김유신의 신라 군사들이 돌아오다 고구려군의 추격을
받아 위기에 처하나 김유신이 잘 대처하여 추격해 오는 고구려
군을 무찌르고 귀환할 수 있었다.


## 8. 고구려의 멸망

이후 당군은 북에서, 신라군은 남에서 고구려를 공략했다.

고구려는 상당한 자원을 보유하고 강력한 군사력을 가지고
있었지만, 연개소문의 독재가 스스로 뿐 아니라 나라도 망하게
했다.

서기668년 9월. 고구려 보장왕은 나당 연합군에게 항복했다.

즉 660년에 백제가, 668년에 고구려가 망하고 통일신라시대
로 접어들었다.

자장이 중국에서 만난 노승의 예언이 모두 맞아떨어진 것이다.

황룡사 9층탑을 세운 지 불과 20여 년 만에 삼한통합의 대업
이 달성되었다.

김춘추와 유신의 누이 사이에서 태어난 법민은 성장하여 당
나라에 가는 외교활동에도 참여하였으며, 외삼촌인 김유신을
따라 백제 정벌에도 종군하여 공을 세웠다.

서기 661년 태종무열왕이 죽자 태자 법민이 왕위를 이어받아, 못 다한 삼한통합의 과업을 이어갔다.

　문무왕은 즉위하던 해에, 당과 협공하여 고구려를 침공하였다. 적극적으로 고구려를 공략하여 서기 668년 9월 보장왕으로부터 항복을 받았던 것이었다.

　이후, 백제 부흥군 및 고구려 저항군과의 지루한 전쟁이 계속되었지만 신라 문무왕은 김유신을 앞세워 이겨나갔다.

　김유신은 마지막 고구려 공략에는 고령이어서 직접 나서지 못하였지만, 신라군과 당나라군의 협공이 잘 이루어져 고구려의 항복을 받아낼 수 있었던 것이었다.


## 9. 황룡사 용, 감은사 용

　문무왕의 업적을 살펴보면 부드러우면서도 엄격했고, 나아가면서도 신중했고, 내치와 외치에 소홀함이 없었다.

　그러면서 무엇이 중요한가를 선왕들의 치적에서 찾아내어 선택했다.

　문무왕은 전장에서의 핵심은 강한 무기라는 것도 익히 알고 있었다.

선덕여왕 대에 고석사의 괴석으로 만들어진 강쇠 덕분에 그나마 견디어 왔는데 그 양이 한계에 달했다는 보고를 받고는 다른 곳에서 괴석 광을 찾아보라 명했다.

당나라 거병이 쳐들어오면 엄청난 무기 수요가 필요할 것이기 때문이었다.

화살촉은 날아가 버리면 돌아오지 않는 것이었다.

예전처럼 찬물에 담가 만드는 시대는 지나갔다.

삼국통합을 완수하고 나도, 국방에 많은 수의 강한 무기가 필요했다.

"동해 바위섬에서 기이한 광채가 발한다고 하옵나이다."

"자세히 살펴보라고 하라!"

유능한 땅꾼들이 왕의 명을 받아 움직이다 괴석을 발견했다는 보고가 들어왔는데, 공교롭게도 바위섬 아래에 잠자고 있었다.

바위를 뚫고 들어가는 것은 그리 어려운 일이 아니었지만 작업 환경이 좋은 편이 아니어서 쉬이 원하는 괴석을 채굴할 수 없었다.

"괴석의 정체는 고석사의 것과 같다고 하옵니다."

"참으로 다행스런 일이다."

"허나, 바다 가운데 있는 바위섬이라서 용혈을 파고 내려가기가 쉽지 아니하옵나이다."

"우선 확실한 정체부터 파악해 보도록 하라!"

왕은 괴석의 정체가 틀림없다는 일자의 보고를 받고는 주변 지세가 그려진 도면을 놓고 가까운 곳에 절 세울 자리를 찾아보라 했다.

몇 군데의 자리를 찾아 아뢰니, 한 곳을 정해 절 지을 준비를 시켰다.

공장이 정해지자 왕이 직접 불러 이런 저런 것을 지시하는데 다른 이들은 왕이 무엇을 주문하고 있는지 몰랐다.

"이곳에서 바위섬까지 바닷물 아래로 갱도를 파고 들어가 바위섬 아래 있는 괴석을 채광하도록 강구하라!"

이렇게 감은사가 창건되었는데, 금당 바닥이 돌판이었다.

금당 바닥은 일반적으로 좋은 소나무로 판을 짜는데, 감은사 금당의 바닥은 돌로 된 우물마루로 깔았다.

왕은 금당이 지어지기 전에 혈을 파게 하였다.

무슨 말인고 하니, 갱구를 파서 바위섬 아래까지 통하게 하라는 것이었다.

그러고 나서 금당을 지으며 바닥을 석판교로 만들어 덮어 갱구를 통해 바위섬 아래에서 채굴된 괴석을 끌어 올리게 한 것이다.

그래서 '감은사 금당 바닥 석판교 아래에서 대왕암 아래에 있는 용이 쉬이 올라오게 하였다'라고 기록된 것이다.

그렇게 올라온 용과 황룡사의 용이 합해져 강한 쇠가 만들어졌다.

당나라군의 침략에 맞서 싸울 수 있는 엄청난 양의 화살을 만들었다.

그것도 그들의 방패와 갑옷을 뚫는 화살촉과 무기가 또 그렇게 만들어졌다.

문무왕은 감은사의 해저갱구를 잘 보존하기 위하여 갱구의 입구, 즉 용혈을 덮어씌우는 금당 바닥을 석판으로 우물다리를 만들어 개폐를 용이하게 했다.

그러고 나서 대왕암 아래까지 갱도로 통하게 하여 채광한 괴석을 쉬이 운반할 수 있게 하였다.

# 10. 아! 김유신

　김유신은 서기673년 7월1일, 79세의 나이로 숨을 거두었다.
　문무왕은 아비가 죽은 것처럼 슬퍼 울었다.
　왕 뿐 아니라 만 백성도 울었다.
　혜성과 같이 삼한통합을 이룬 한 영웅의 호흡이 그제서야 멈추었다.


(끝)

**작가는 김유신을 무대에 올려 역사의 서사를 전개한다.**

고구려에서는 서기590년에 26대 영양왕이 즉위하고, 594년에 연개소문이 출생했다.
다음해인 595년 신라에서 김유신이 출생한다.
백제에서는 서기598년 28대 혜왕이, 599년 29대 법왕이, 이어 600년에 30대 무왕이
즉위했다.
그리고 신라에서 604년에 김춘추가 출생한다.
즉, 김유신은 김춘추 보다 9살이 많았다.
서기605년에 수나라 양제가 등극하고, 611년에 양제가 고구려를 침공하였다.
서기618년 당나라가 건국되어 당 고조가 즉위하고, 같은 해 고구려 영류왕이 즉위한다.

청소년 컬렉션
# 김 유 신

초판 1쇄 발행 2023년 6월 30일

지 은 이   안병호
펴 낸 이   김진숙
펴 낸 곳   그레이펄슨(주) GRAPERSON.CO.,LTD
주 　 소   서울특별시 서초구 효령로 305
전 　 화   02-598-6362
이 메 일   ahnkook111@naver.com
사 　 진   ⓒ 안상미

ISBN 979-11-979540-4-7 (43910)
값 12,000원

# 왜 김유신 인가?
## 청소년들이 알아야 하는 역사의 교훈이기 때문이다.

보검을 얻기 위해 인박산에 올라 중악에서와 같은 기도를 올렸다.
강쇠를 달구고 두드려 애쓰니, 강쇠에 태양 빛의 영기가 내려 보검을 만들 수 있었다.
밤이 되어 남극성과 북극성이 발하여 보검을 비추자 검이 살아있는 듯 요동쳤다.
만들어진 보검으로 바위를 내리치니 단번에 둘로 갈라졌다.
유신은 감사의 기도를 드리고 의를 쫓아 삼한을 통합하리라 맹세하였다.

- 본문 4부에서 -

값 12,000원

ISBN 979-11-979540-4-7 (43910)